आपका व्यापार खत्म नहीं हुआ. अभी तक.

I0508559

notionpress.com

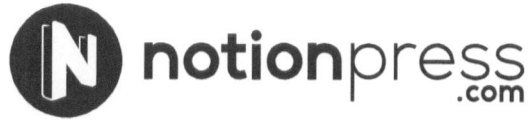

आपका व्यापार खत्म नहीं हुआ. अभी तक.

या कैसे, 101 अमल करने योग्य सुझाव आपको एक सफल उधोगपति बना सकते हैं।

प्रकाश बंग

notionpress.com

Notion Press

Old No. 38, New No. 6
McNichols Road, Chetpet
Chennai - 600 031

First Published by Notion Press 2017
Copyright © Prakash Bang 2017
All Rights Reserved.

ISBN 978-1-947949-77-5

This book has been published with all reasonable efforts taken to make the material error-free after the consent of the author. No part of this book shall be used, reproduced in any manner whatsoever without written permission from the author, except in the case of brief quotations embodied in critical articles and reviews.

The Author of this book is solely responsible and liable for its content including but not limited to the views, representations, descriptions, statements, information, opinions and references ["Content"]. The Content of this book shall not constitute or be construed or deemed to reflect the opinion or expression of the Publisher or Editor. Neither the Publisher nor Editor endorse or approve the Content of this book or guarantee the reliability, accuracy or completeness of the Content published herein and do not make any representations or warranties of any kind, express or implied, including but not limited to the implied warranties of merchantability, fitness for a particular purpose. The Publisher and Editor shall not be liable whatsoever for any errors, omissions, whether such errors or omissions result from negligence, accident, or any other cause or claims for loss or damages of any kind, including without limitation, indirect or consequential loss or damage arising out of use, inability to use, or about the reliability, accuracy or sufficiency of the information contained in this book.

रामचंद्र और उनकी पत्नी मालती के लिये :

धन्यवाद पापा, अपने जीवन में अनेक सुख – सुविधाओं का त्याग करने के लिये, कि मैं एक अच्छे विद्यालय जा सकूं।

धन्यवाद माँ, पापा को सहयोग देने के लिए।

आप दोनों को धन्यवाद, मुझमें उन गुणों का संचार करने के लिये, जो जीवन में मुझे खुश रहने के लिये सहायक रहे। बाकी कुछ मायने नहीं रखता।

प्रकाश बंग

मैं यह पुस्तक समर्पित करता हूँ राह चलते लोगों को – ग्राहकों को।

वे ही हम उद्यमियों और व्यवसायियों के बने रहने का एकमात्र उद्देश्य हैं। हमारी कोशिश व्यर्थ है अगर वे हमारे पक्ष में न हों। एक व्यवसाय में हर दूसरी चीज़ वापस पाई जा सकती है। पर, ग्राहक लौट कर आएगा – यह निश्चित नहीं।

वर्षों बाजार से सीखते हुए उपजे विचार मैंने लिपिबद्ध किए हैं। मेरे अधिकांश विचार प्रचलित शिक्षा के विपरीत हैं और क्योंकि वे कारगर हैं, मैं उन्हीं के साथ जुड़ा रहूँगा।

मैंने कभी किसी के लिए काम नहीं किया। अपने पूरे पेशे में, मैं अपना मालिक स्वयं रहा और क्योंकि मेरे पास कोई नहीं था जिस पर मैं अपनी गलतियाँ डाल सकता, अपने सभी कार्यों के लिए मैं स्वयं जिम्मेदार व जवाबदार रहा। मेरे सिर के साथ मेरी पूँजी भी दाँव पर लगी थी।

धन की बात चली है तो, एक सुखी जीवन जीने लायक, मैं पर्याप्त कमा चुका हूँ।

सावधान रहें, यह पुस्तक आपको अति धनी बनाने की गारंटी नहीं है। यह केवल एक प्रयास है, आपको सफल बनाने का।

प्रकाश बंग

केंब्रिज इंग्लैण्ड

grand cafe
BRINKMANN
ontbijt - lunch - diner
WEIHEN STEPHANER 3,70
JOPEN MALLE BABBE 4,20
HOEGAARDEN WIT 3,20
PALM SAUVIN 3,20

सूचिपृष्ठ

अवसर:	क्या आप उन्हें पाने में सक्षम हैं?	1 - 20
उत्पाद:	क्या आप उसे हट कर बना सकते हैं?	21 - 62
ग्राहक:	क्या आप उन तक पहुँच सकते हैं?	63 - 72
सम्पर्क:	क्या आप उसमें अच्छे हो सकते हैं?	73 - 100
टीम:	क्या आप उसका निर्माण कर सकते हैं?	101 - 130
समय:	क्या आप उसका इस्तेमाल कुशलतापूर्वक कर सकते हैं?	131 - 146
नैतिक गुण:	क्या आप में वे आ सकते हैं?	147 - 166
आर्थिक प्रबंध:	क्या आप उसे प्राप्त कर सकते हैं?	167 - 186
कानून:	क्या आप उससे बच सकते हैं?	187 - 192
अंतर्राष्ट्रीय:	क्या आप तट से परे देख सकते हैं?	193 - 204

हार्लेम, द नीदरलैन्ड्स

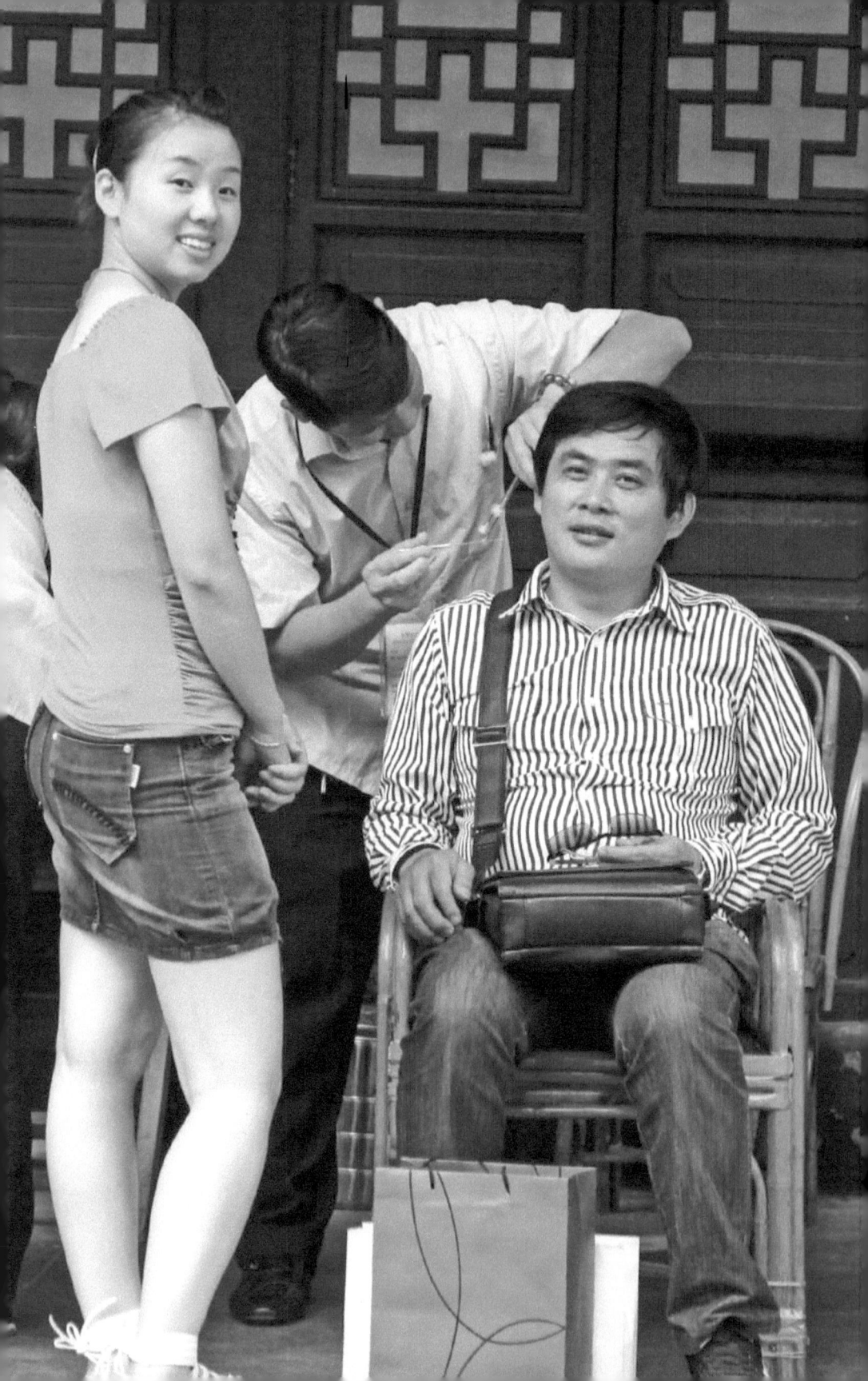

1

बदलाव स्थायी है।

कुछ भी हमेशा के लिए नहीं रहता। अपनी आँखें व कान खुले रखें। एक अवसर दूसरे तक ले जाएगा। मैंनें अपनी शुरूआत घर–घर जाकर सोलापुर में बनी चादरें बेचने से की। उन दिनों वे चादरें उस शहर की खासियत थीं। उस अनुभव से मुझे विमल फैब्रिक (रिलायंस इंडस्ट्री का एक ब्रांड) को कपड़ों के शोरूम्स को बेचने का अवसर मिला।

विमल का संपर्क मुझे उनकी मार्केटिंग टीम के सनिध्य में लाया जो एक ठेकेदार ढूंढ रहे थे, महाराष्ट्र राज्य में उनके होर्डिंग लगाने के लिए। मैंनें वह काम ले लिया। इस तरह ''क्विकसेल एडवर्टाइज़र्स'' की शुरूआत हुई।

बाहरी विज्ञापन ने मुझे अवसर दिया विज्ञापन की मुख्य धारा को देखने का। इस तरह शुरू हुआ ''क्विकसेल कम्युनिकेशन्स्''। जब मैं विज्ञापनों की दुनिया में गहरा उतरा, मुझे डायरेक्ट मार्केटिंग (या, रिलेशनशिप मार्केटिंग) की अपार संभावना समझ में आई, और इस तरह शुरू हुआ ''प्रकाश बंग्स् पर्सनल मार्ट''।

इंटरनेट के आने से डायरेक्ट मार्केटिंग ज्यादा प्रबल हो गई और 'प्रकाश बंग एण्ड संस' ने ऑनलाईन मार्केटिंग को स्वागत कर अपनाया।

ऑनलाईन मार्केटिंग ने यात्रा व पर्यटन के क्षेत्र में बढ़ती संभावनाओं को इंगित किया। ऐसे शुरू हुआ roomsXML.com

आने वाले पृष्ठों में पाठक यह समझ पायेंगे, कि क्यों अपने अनेक वर्षों में जमे प्रत्येक उद्यम को, मैंनें एक अलग, अनुपम पहचान देने का चुनाव किया।

चेन्गडु, चीन

2

अवसरों को पाने के लिए, आपको एक अन्वेषक होना होगा।

कहते हैं कि अवसर दरवाजा खटखटाता है। यकीनन! मगर ज्यादा अच्छा है कि हम ही अवसर को ढूंढे।

करने दो अपने प्रतियोगी को, दस्तक का इंतजार।

> **3** उत्पाद को उनके ऊपरी दिखावट पर मत लीजिए। उनकी तह तक जाईये।

शुरू के दिनों में आपको बहुत सारे अवसर मिलेंगे। आपके रिश्तेदार, मित्र और शुभचिंतक भी अपने सुझाव देंगे।

उसके बाद निर्णय पूर्णतः आपका ही होगा।

सभी प्रस्ताव, अधिकतर, ऊपर से अच्छे ही प्रतीत होते हैं, और क्यों नहीं? आखिर हर प्रस्ताव को एक कार्य करना होता है। हर प्रस्ताव को 'स्क्रैच कार्ड' समझिये। खुरचने पर, सभी विजयी नहीं होते। धैर्य रखकर, सतह के नीचे भी जाईये।

क्या आपने कभी होम लोन पाने के लिए प्रयास किया है?

> **4**
> जो चीज जैसी है, वैसी ही है।
> आपका दृष्टिकोण महत्व रखता है।

अधिकांश समय, आप परिस्थिति को बदल नहीं सकते और अगर ऐसा है तो, आपको उसी स्थिति के साथ काम करना पड़ेगा। चारों तरफ देखिए। एक अच्छी तस्वीर के लिए अपना कोण बदलें, या अपनी जगह।

ज्यादा अच्छा होगा, दोनों बदलना।

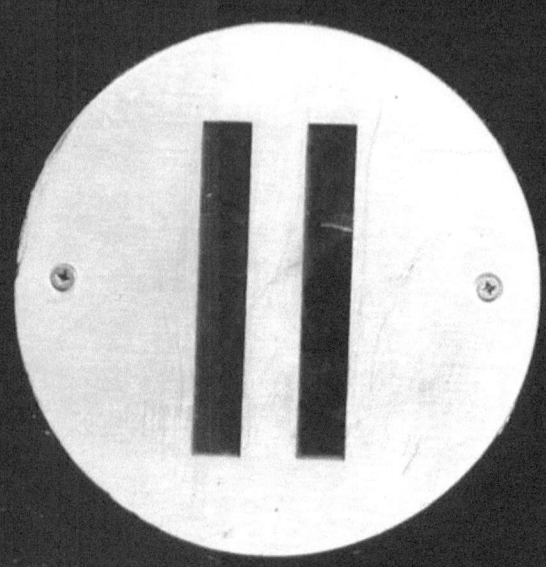

11
ON
THIS SITE
SEPT. 5, 1782
NOTHING
HAPPENED.

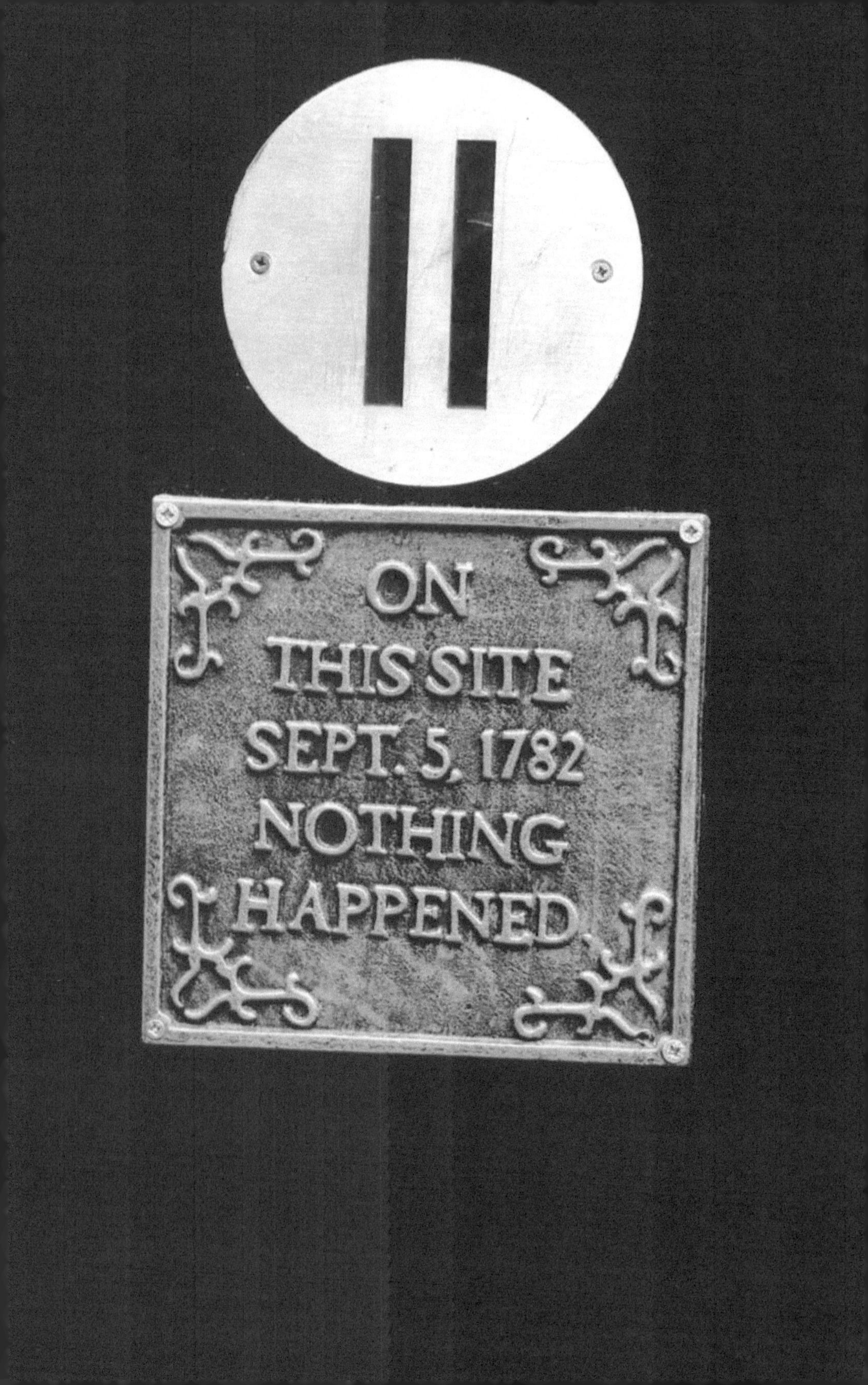

5

शून्य में से कुछ खास बनाने लिये, बस थोड़ा ज्यादा सोचना पड़ेगा।

आतिशबाजी सिर्फ़ खास मौकों पर होती है। जब होती है, तब कहने को बहुत कुछ होता है। मजा तो तब है, जब बिना कोई मौके या अवसर के हम चमकें।

मेरे बड़े उपभोगताओं में से एक का शोरूम लक्ष्मी रोड, पूणे पर है। शहर की एक बहुत व्यस्त सड़क होने के कारण, उधर पार्किंग करना एक बड़ी चुनौती है, खासकर गर्मियों में। एक व्यस्त छुट्टी के दिन, हमने ग्राहकों के लिए एक खास किस्म की छूट की घोषणा करी, रात 9 बजे से 12 बजे तक के लिए। कैशियर के पीछे लगी घड़ी फायदा निश्चित करती। 10:25 बजे, 10.25: की छूट थी, और इसी प्रकार से आगे भी। हमने उसे 'क्लॉक–अ–डिस्काऊन्ट' का नाम दिया।

ग्राहकों ने, वास्तव में, 12 बजने का इंतजार किया और सभी के लिए पार्किंग भी उपलब्ध थी, क्योंकि आस–पास की सभी दुकानें 9 बजे बंद हो गईं थीं।

इस तस्वीर में, एक भोजनालय के दरवाजे पर यह तख्ती थी। यह कोई खास भोजनालय नहीं था। शहर के अनेकों में से एक था। मगर इस बोर्ड ने इस भोजनालय को सबसे हट कर खड़ा कर दिया।

6

अगर आपके पास सम्पर्क सूत्र हैं– उनका इस्तेमाल करें।

किसी परिचित व्यक्ति से रेफरेन्स लेने में कोई संकोच की बात नहीं है। हाँ, पर शर्त यह है कि आप अपने कार्य में निपुण हों और आप जो भी व्यवसाय करें, उसे पूरी ईमानदारी एवं सच्चाई से करें। याद रखिए, आपके मित्र की प्रतिष्ठा दाँव पर है।

एक गुरू का होना, विशेषरूप से शुरू के दिनों में, बहुत लाभप्रद है। मैं भाग्यशाली था कि मेरे मासाजी ने मुझे अवसर दिया, जहाँ मुझे उनकी कपड़ों की दुकान का विज्ञापन करना था। मैंने मेरी पूरी काबलियत के साथ परिश्रम किया। शुक्र है, मेरे प्रयास रंग लाए। उसके बाद मैंने कभी पीछे मुड़के नहीं देखा।

धन्यवाद, श्री पुर्षोत्तम सारडा, मुझ में आत्मविश्वास की नींव जमाने के लिए।

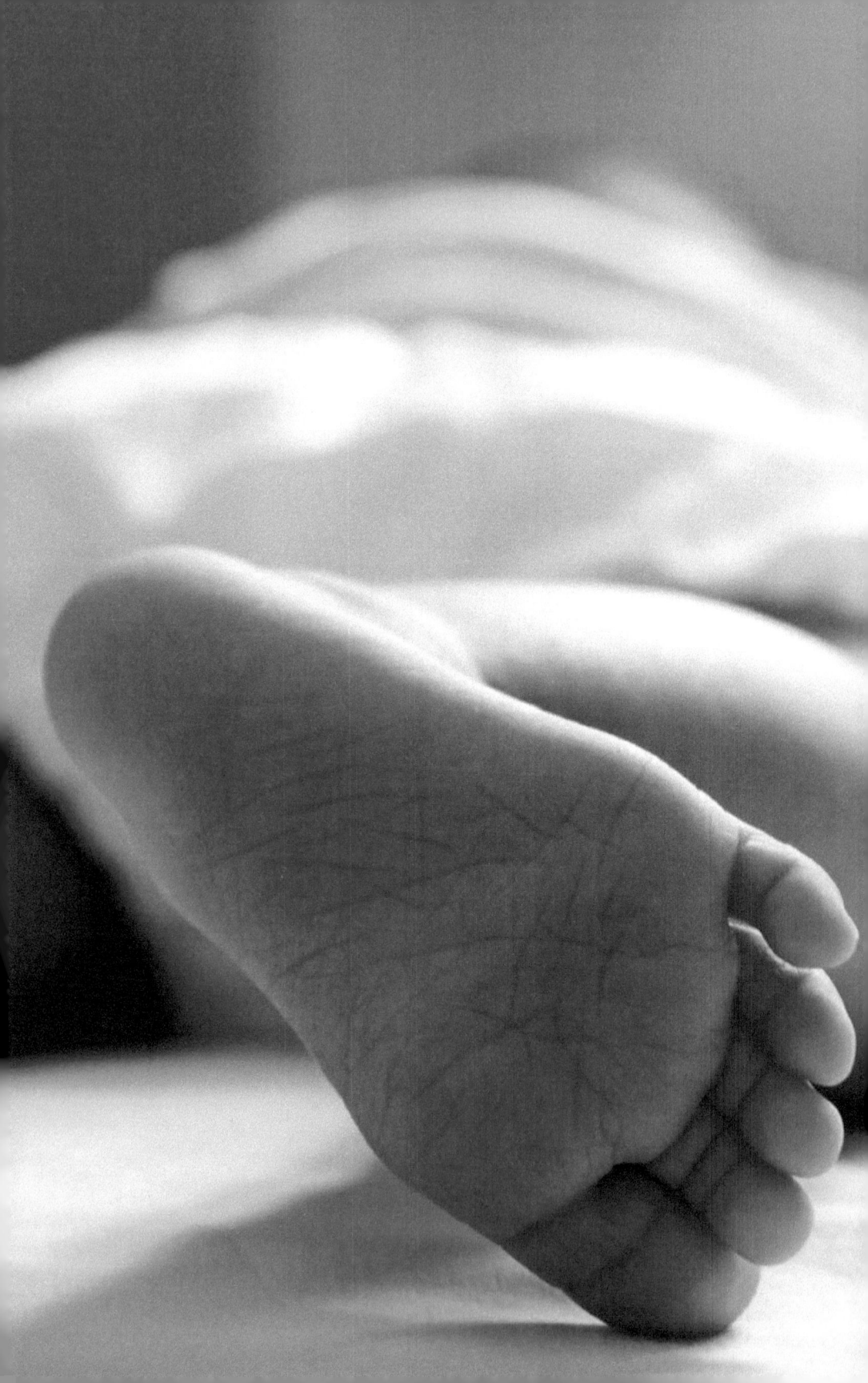

7
बड़ा बनने के लिए, शुरूआत छोटे से करनी पड़ेगी।

कुछ को छोड़कर, सिर्फ अति भाग्यशाली या अत्याधिक धनी व्यक्ति ही कुछ ऐसा कर पाते हैं कि शीघ्र ही प्रसिद्धी को प्राप्त कर लेते हैं। बाकि हम सभी को, वास्तव में, शुरूआत सावधानी से करनी जरूरी है, और एक बार शुरूआत हो जाए, तो अपने काम पर पूरा ध्यान केंद्रित करें।

आपकी बारी आएगी।

> **8** बरसात में कपड़े सुखाने से कोई फायदा नहीं। सूरज के चमकने का इंतजार कीजिए।

कई बार कठिन परिश्रम से कोई फल नहीं मिलता। सफलता के मौके ज्यादा होंगे, अगर सही समय पर कार्य किया जाए। ज़ाहिर सी बात है, मेहनत भी ज्यादा करनी पड़ेगी।

थोड़ा ज्यादा चतुर होना मददगार होता है।

ट्रैफिक सिग्नल पर बेचने वाले पर गौर कीजिए। उसे पता है कब धूप का चश्मा, कब छतरी, कब तिरंगा और कब क्रिस्मस की टोपी बेचनी है।

गर्डी, आइसलैंड

9

लक्ष्य बनाईये। अन्यथा, उन्हें प्राप्त कैसे करेंगे?

बिना लक्ष्य के, आपको पता नहीं चेलेगा कि गेंद मारनी कहाँ है। मैदान में गेंद लेकर केवल भागने से आप खेल नहीं जीत सकते। भागना, यानि ''अधिक परिश्रम'' करना और लक्ष्य की तरफ, सभी साथियों को ध्यान में रखते हुए, गेंद मारने की रणनीति बनाना, यानि ''चतुराई'' से काम करना।

परिश्रम और चतुराई, बड़ा ही बलशाली मेल है।

HUNTERS, FISHERMEN
AND OTHER LIARS
GATHER HERE.

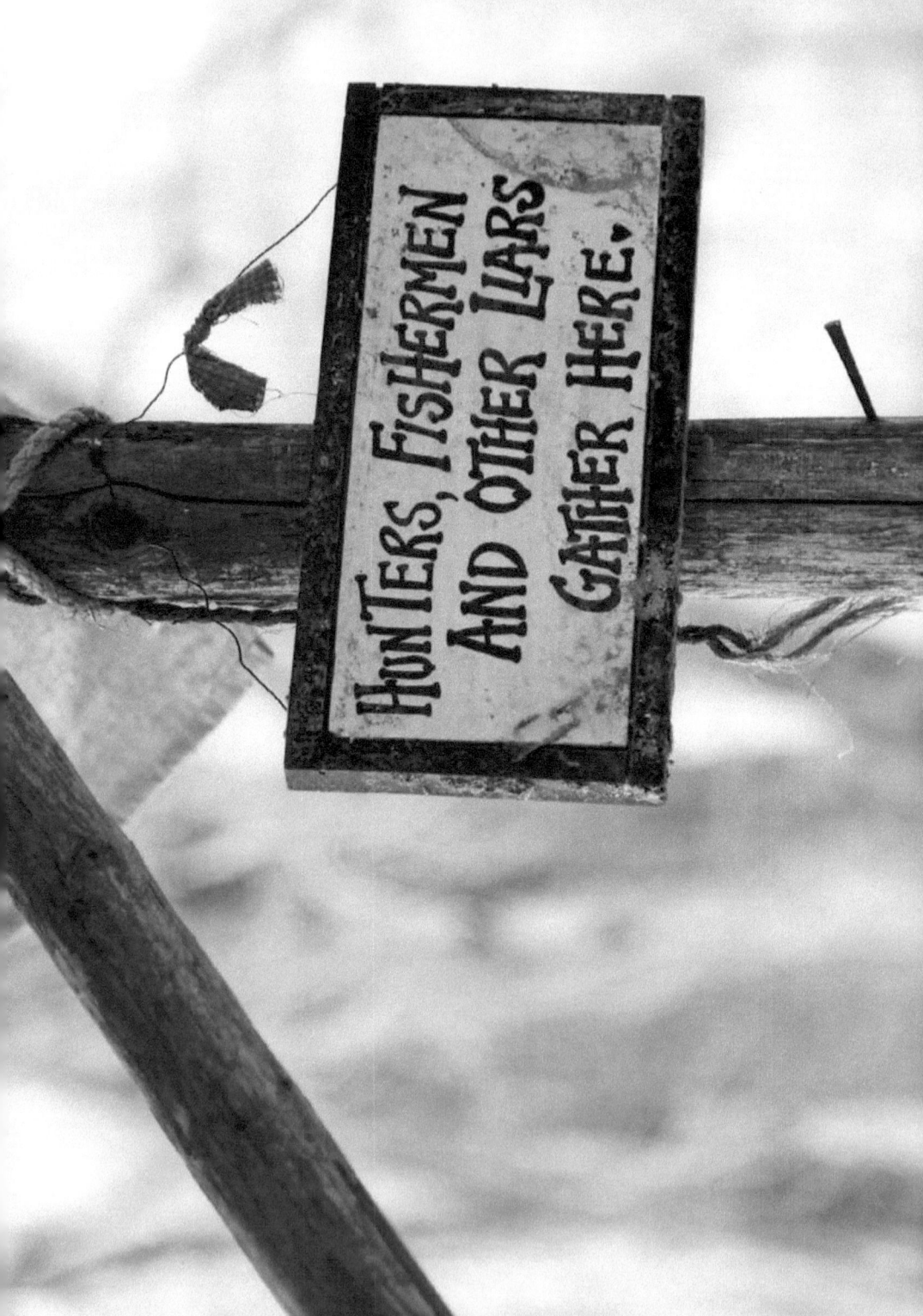

10

'मार्केट रिसर्च' से सावधान रहिए।

मुझे मार्केट रिसर्च से कोई आपत्ति नहीं है, जब तक उसका प्रयोग सिर्फ अतीत को समझने के लिए किया जाए। उससे भविष्यवाणी (पढ़िये– ग्राहक के दिमाग को पढ़ना) करने की सलाह मैं नहीं दूंगा। मुझे ऐसा ग्राहक आज तक नहीं मिला, जिसे पता हो कि आने वाले दिनों में उसे निश्चित रूप से क्या चाहिये।

भारत में आने के पहले, हॉलमार्क कार्ड्स ने एक बहुत प्रसिद्ध मार्केट रिसर्च कंपनी को भारत में 'ग्रीटिंग कार्ड्स' की बिक्री का पूर्वानुमान लगाने के लिए नियुक्त किया। उनका भविष्यकथन बहुत ही प्रोत्साहक था।

सालों गुजर गए। अनेक नवीन पहल करने के बावजूद, भारत की सभी ग्रीटिंग कार्ड्स की कंपनियों की सामूहिक बिक्री भी अनुमान लगाई हुई बिक्री का एक छोटा सा अंश भी न बन पाई। मैं यह इसलिए कह सकता हूँ, क्योंकि मैंने हॉलमार्क कंपनी के साथ काम किया था। आखिर हुआ क्या?

इलैक्ट्रौनिक ग्रीटिंग कार्ड्स आ गए।
एस. एम. एस. आ गए।
फेसबुक आ गया।

मार्केटिंग में पूरा भविष्य आपके हाथ में नहीं है। सिर्फ इसलिए, क्योंकि आपके प्रतियोगी अपनी योजनाओं की घोषणा नहीं करते और ग्राहक अपने विचार बदल लेते है।

11
बेहतर होने से ज्यादा जरूरी है, पहल करना।

सफेद, ज्यादा सफेद, सबसे सफेद— यह बातें बाजार में नहीं चलतीं। सफलता का संयोग ज्यादा तब होगा जब आप किसी वर्ग में पहले खिलाड़ी बनेंगे। मैं बताता हूँ।

कल्पना कीजिए कि आप एक नहाने के साबुन के निर्माता बनना चाहते हैं और आपने एक नींबू की खुशबू वाला साबुन बनाया। मार्केट खोज से आपको पता चला कि लोगों को आपका साबुन, दो स्थापित नींबू की खुशबू वाले साबुनों से अधिक पसंद आया। मतलब, आपका नींबू की खुशबू वाला साबुन बेहतर है, परन्तु, जब तक आपका बजट और प्रबल प्रयास आपके प्रतियोगियों के बजट और प्रयास के बराबर या अधिक नहीं होंगे, तब तक आप शायद ही कोई निशान बना सकेंगे।

एक ऐसा विशेष साबुन वर्ग बनाने का जतन कीजिए, जो पहले से हो नहीं। दूसरे शब्दों में, एक वर्ग बनाईये और उस से बनेगा आपका "मार्केट"।

यकीनन, यह बहुत कठिन है। पर दूसरा कोई रास्ता भी तो नहीं।

12

निश्चित करें कि आपके उत्पाद के आगे ''सबसे'' अवश्य हो।

बाजार में वर्गों का निर्माण करने का मैं समर्थक हूँ। वास्तव में, यह बड़ा आसान है। बस, यह ध्यान रखें कि आपके प्रस्ताव के आगे 'सबसे' हो।

आपके लक्षित ग्राहकों को आप याद रहें, इसके लिए 'सबसे' सहायक होगा। सबसे पहला, सबसे तेज, सबसे धीरे, सबसे ऊँचा, सबसे बड़ा ... सूची का कोई अंत नहीं।

मनुष्य के दिमाग में जबरदस्त सामर्थ्य है। बल्कि, उसमें ऐसे हिसाब करने की भी क्षमता है, जो सबसे तेज कम्प्यूटर भी नहीं रखते पर, दुर्भाग्यवश, इसी दिमाग की एक विशेष खूबी यह भी है, कि वह चीज़ों को अलग–अलग विभागों में छांट देता है, बिलकुल एक डाक–घर की तरह। पिनकोड द्वारा छंटी हुए डाक पहुँचाना डाकिये के लिए ज्यादा आसान है।

यद्यपि, हजारों पर्वतारोहियों ने माऊन्ट ऐवरेस्ट की चोटी तक का सफर बखूबी तय किया है, अधिकतर, लोगों को केवल पहला चढ़ने वाला ही याद है। उसी प्रकार, चाँद पर जाने वाला पहला व्यक्ति। दुनिया की सबसे लम्बी नदी। विश्व की सबसे ऊँची इमारत। ऐसे ही हजारों उदाहरण जिनके आगे ''सबसे'' है, मनुष्य के दिमाग पर अंकित रहते हैं।

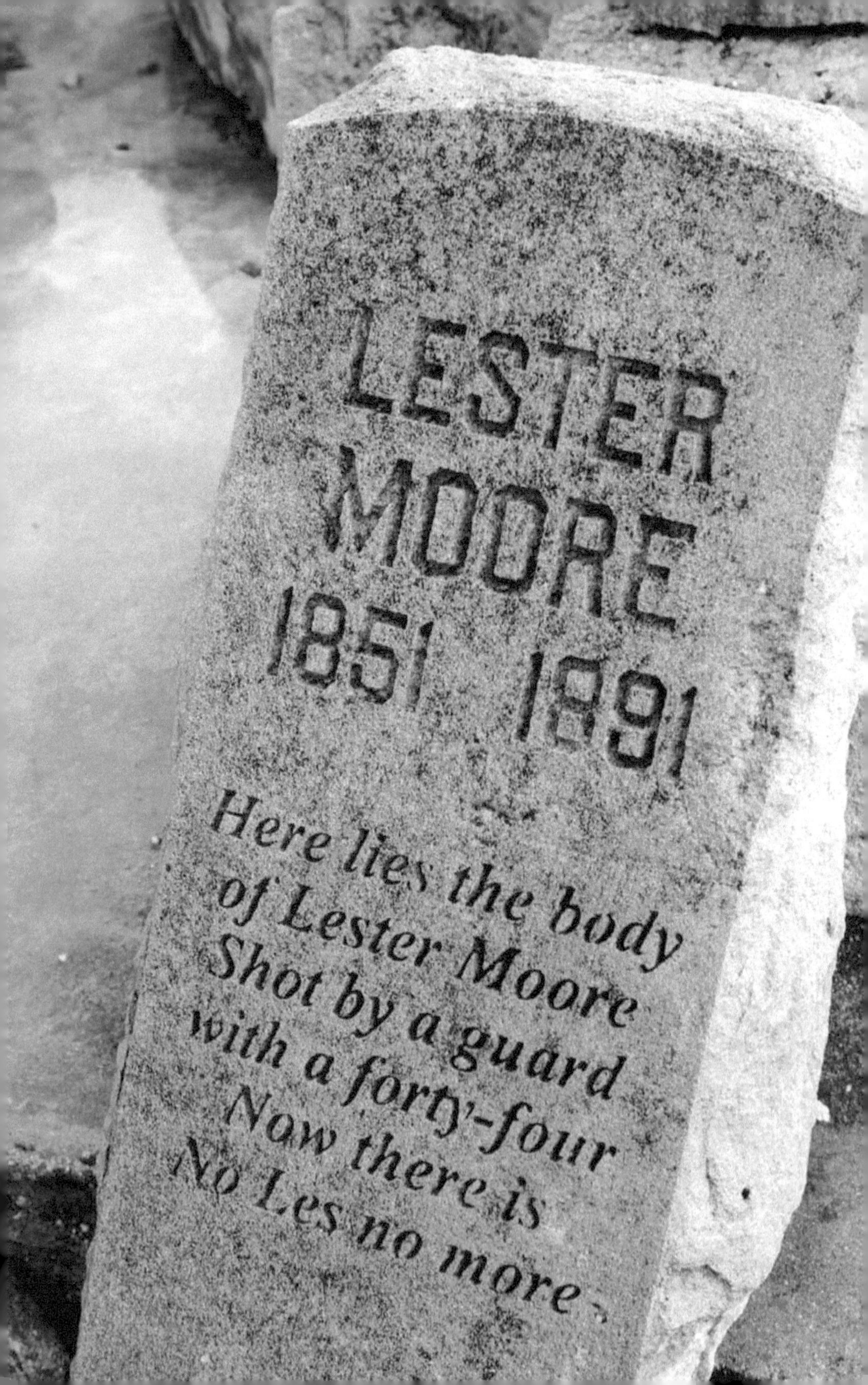

LESTER
MOORE
1851   1891

Here lies the body
of Lester Moore
Shot by a guard
with a forty-four
Now there is
No Les no more

13

अपनी कमियों को स्वीकारें।

खुद का एक वर्ग होना एक अच्छा विचार है। परन्तु, अगर यह मुमकिन नहीं होगा, तो आप एक बेहतर उत्पाद का निर्माण या बेहतर सेवा प्रदान करेंगे। सम्भव है कि आपको सीमित क्षेत्रों में सफलता प्राप्त हो। इसका मतलब यह नहीं कि आपकी सेवा दुनिया के हर कोने में उपलब्ध कराने से आपको वैसा ही परिणाम मिलेगा।

एक बड़ा दायरा अर्थात्, ज्यादा प्रतियोगी। अगर आप किसी वर्ग के मालिक नहीं होंगे, तो और भी ज्यादा कठिनाई होगी। सिर्फ एक बेहतर उत्पाद से आप पहले या दूसरे की जगह नहीं हिला सकते। सैंकड़ो के बीच 'एक और' होने के लिए तैयार रहिये।

बाजार में मुख्य प्रतियोगियों को टक्कर देने के लिए, आपको उनके बराबर के साधनों की आवश्यकता होगी। केवल उत्साह से काम नहीं बनेगा। ऐसी बातें प्रेरक भाषणों में अच्छी लगती हैं। यह कहावत, ''जहाँ चाह, वहाँ राह'', सच हो सकती है अगर आपके साधन आपके प्रतियोगियों के साधनों के समान हो।

मैं एक बहुत ही लोकप्रिय पेय के बारे में जानता हूँ, जो जिला अहमदनगर (महाराष्ट्र) में बहुत ही लाभदायक व्यापार कर रहा है। वर्षों से विकसित उसका स्वाद, वहाँ के स्थानीय निवासियों को बहुत प्रिय है। यह पेय, उस जिला के सीमित तालुकाओं में ही मिलता है। क्या यह पेय भारत के बाकी नगर और शहरों में भी व्यवसायिक रूप से सफल होगा? क्या वह 'कोक' ओर 'पेप्सी' को हरा सकेगा? हमारे इस निर्माता के सीमित साधनों से यह सम्भव नहीं।

एक बडा मेंढक, मेंढक ही रहता है। वह केवल छाती फुलाने से बैल नहीं बन जाता।

14

सोच ही सच्चाई है, बाकी व्यर्थ।

यहाँ बाजार में, सच्चाई का महत्व नहीं है, सोच का है।

मेरे एम.बी.ए. के दिनों में, हमने एक स्वाद परीक्षा ली, उन ग्राहकों की, जिनकी आँखों पर हमने पट्टी बाँध दी थी। ग्राहकों को दो नमूनों की चॉक्लेट खिलाई गई – कैडबरीज़ और साठे (जो बहुत साल पहले खत्म हो गई)। बंद आँखों ने साठे को जिताया, और खुली आँखों ने कैडबरीज़ को।

कैडबरीज़ को शक्तिशाली मार्केटिंग की वजह से, बेहतर चॉक्लेट माना गया (भई, साठे कैडबरीज़ से बेहतर कैसे हो सकती है?)। असल में, स्वाद तो दिमाग में था, जीभ पर नहीं! यकीनन, मार्केटिंग एक बड़ा अद्भुद खेल है।

माफ करें।

एक बार आपके ग्राहकों ने आपके उत्पाद या सेवा के लिए एक धारणा बना ली, तो उसको बदलने के लिए आपके साधनों का प्रयोग व्यर्थ ही है। ज्यादा आसान होगा, आपका उत्पाद बदलना ।

15

काला बनिए या सफेद,
"ग्रे" रंग के लिए कोई जगह नहीं।

सबको खुश करने की आशा में, बीच का रास्ता सबसे आकर्षक लगता है। पर इस रास्ते को चुनने से, बिलकुल उल्टा ही होता है। आप किसी को भी खुश नहीं कर पाते। अगर आपके पास सबको खुश करने का उपाय हो, तो भी आप साहस और धैर्य रख केवल प्रबल ग्राहकों को चुन अपनी सेवाऐं दें। ऐसा करने से, आपकी सेवा में और सुधार होगा, जिस वजह से वो उन चुने हुए ग्राहकों को और अधिक आकर्षित करेगी।

महात्मा गाँधी के भी अनुयायी थे और अडोल्फ हिटलर के भी।

16
अपने उत्पाद के 10 विशेष गुणों को सूचिबद्ध करें। बाद के 9 गुणों को रद्द करदें।

आपके हर प्रतियोगी के पास बताने को बहुत कुछ है। हर एक के पास एक जीवित मनुष्य को प्रभावित करने के लिए गुणों से भरे कागज़ ही कागज़ हैं। जानकारी का एक जंगल है। आपके ग्राहक से यह उम्मीद रखी जाती है कि वह उसके रास्ते में आने वाले हर एक उत्पाद का हर एक गुण याद रखे।

क्या उसे याद रहेगा? नहीं। नहीं रहेगा। निडर बनिए। सिर्फ एक गुण को उभार कर देखिये।

मेरे एक मित्र बढ़िया गुणों के मसालों का मिश्रण बनाते हैं। वह अच्छे मसालों का प्रयोग करते हैं, शुद्धता का आश्वासन देते हैं और उनके पास एक से एक मशीनें हैं। दुर्भाग्यवश, सभी मसाले बनाने वालों के पास भी यह सब है। मेरे मित्र ने मसालों की एक ऐसी श्रेणी का विकास किया, जो बिना प्याज और बिना लहसुन की थी। उनका काम आसान हो गया।

वह बाजार में केवल एक ही पंक्ति लेकर पहुँचे : "नो अनियन नो गार्लिक"। वैसे, यह उनकी पंच लाईन नहीं है। यह एक ब्रांड का नाम है।

17
खोखली बातों से काम नहीं चलेगा।

वादे। वादे। वादे।

यहाँ अनगिनत लोग घूम रहे हैं जो अपनी खोखली बातों से व्यापार पाने की कोशिश कर रहे हैं। मैं उनको इसके लिए शुभकामनाऐं देता हूँ और साथ ही उन्हें यह चेतावनी भी देना चाहता हूँ कि उनकी यह युक्ति लम्बे समय तक टिकने की नहीं है। उनको धन्यवाद, कि वो आपको थोड़ा अलग होने का अवसर दे रहे हैं।

वादे वही कीजिए, जो आप निभा सकें।

SHOP

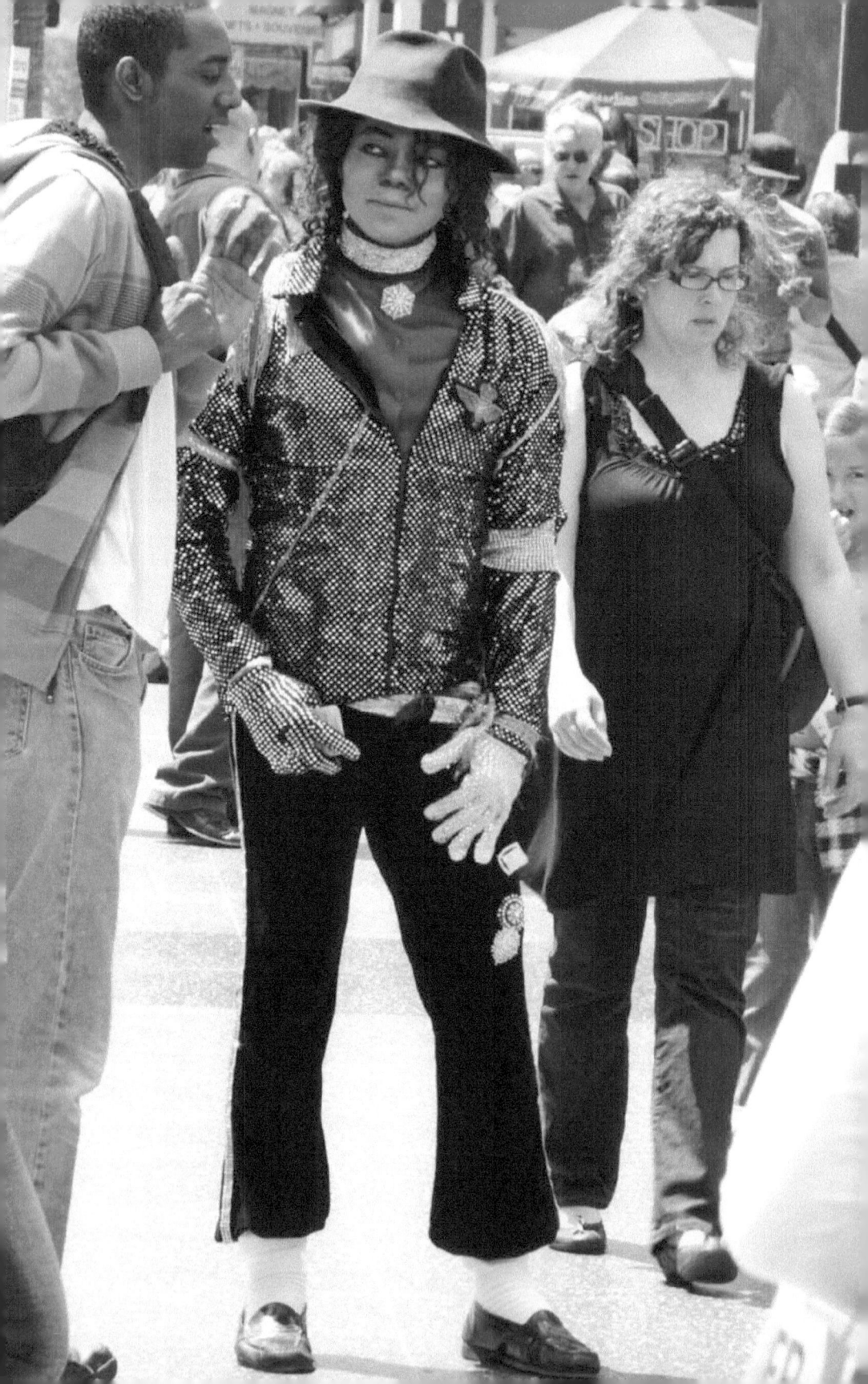

18
अगर आपके दिये गये लाभ का मूल्यांकन नहीं किया जा सकता, तो उसकी चर्चा का कोई उपयोग नहीं।

हर उत्पाद या सेवा के गुण होते हैं। अधिकतर उनके लाभ समान होते हैं। जैसे एक दूसरे के प्रतिलिपि हों। आप जिस बात का दावा करते हैं, आपका प्रतियोगी बड़ी सरलता से उसे बेहतर कर देता है।

आप बोलेंगे 'अच्छा', वह बोलेगा 'बेहतर'।
आप बोलेंगे 'बेहतर', वह बोलेगा 'सर्वोत्तम'।
आप बोलेंगे 'सर्वोत्तम', वह भी 'सर्वोत्तम' बोलेगा।

"अच्छे गुण", "बेहतर सेवा", "सर्वोत्तम दाम" कभी आपके पक्ष में काम नहीं करेंगे। आपका दावा पुष्ट होना चाहिये।

"30 मिनट में देंगे, नहीं तो मुफ्त।" यह दावा, "हमारी सेवा अधिक तेज है" से कहीं ज्यादा प्रभावशाली है।

मैं निश्चित रूप से जानता हूँ कि "हमारा हर आम 275 ग्राम का है", "हमारे आम बड़े हैं" से ज्यादा आकर्षक है।

& FISH
H & RIBS
CHIC
RIBS CHICKEN FISH
Call Our Free Phone
0808-168-3338
London To Airport Transfers
Price Starts From
AIRPORT | CAR | 6 SEATER
Heathrow £29 £49
London City £22 £33
Gatwick £49 £69
Stansted £49 £69
Luton £49 £69
Bloomsbury Cars
www.bloomsburycars.co.uk
VISA
STEAK &
MERMAID
ISH
STE
ME

19

यदि आपका "B2B" व्यापार है, तो रिबेट गुप्त रूप से दीजिए।

व्यापार दो तरह के होते हैं।

1. B2C : बिज़नेस टू कस्टमर्ज़
2. B2B : बिज़नेस टू बिज़नेस

B2C में आपको सीधे ग्राहक को ही अपने लाभ देने होते हैं और वह भी सबके सामने। परन्तु, B2B में अपनी डील का प्रस्ताव व्यक्तिगत में ही देने का पूरा ध्यान रखें।

इसी में समझदारी है, परन्तु दुर्भाग्यवश, कुछ व्यापारी ऐसा नहीं करते। अब आपके ग्राहकों के ग्राहकों को भला आपकी 'डील' की जानकारी देने की क्या आवश्यकता है?

आपको केवल आपके ग्राहकों का भला सोचना है। उनके ग्राहकों का भला उन्हीं को सोचने दीजिए।

> **20** आरम्भिक अवस्था में, उत्पाद को व्यवस्थित सहारा देना, उसके आगे चल कर प्रभावशाली ब्रांड बनने के लिए आवश्यक है।

आधे—अधूरे विज्ञापन खर्च से आपके उत्पाद के लिए कुछ नहीं होगा। आप नदी पर किस्तों में छलांग नहीं मार सकते। ज्यादा भागने की क्षमता अगर कम हो, तो एक सकड़ी नदी चुनिए।

अपने मार्केटिंग बजट को संकुचित ना करें। संकुचित करें – अपने बाजार को।

21

सबके लिए सब कुछ बनने की कोशिश मत करो। सिर्फ कुछ के लिए सब कुछ बन जाओ। यह है ''विशेषिकृत मार्केटिंग''।

''बड़ा सोचो'' एक जनप्रिय शिक्षण है। मैं इसके एकदम विपरीत सलाह देता हूँ। ''छोटा सोचो''।

आज के प्रतियोगी वातावरण में, आप ऐसा कुछ नहीं दे सकते जो बाजार के हर भाग को खुश रख सके। भाग के एक हिस्से पर केन्द्रित होकर बनाए गए उत्पाद से आप ज्यादा सरलता से ध्यान जीत सकते हैं। उदाहरण के लिए 50 वर्ष से ऊपर उम्र वाली महिलाओं के लिए अंडरगार्मेन्ट्स् बनाना। मुझे यकीन है कि इस वर्ग की कुछ समस्यांए होंगी, जिनका समाधान करना आवश्यक है।

एक छोटी मछली महासागर में अनदेखी हो जाती है। उसका छोटे तालाब में तैरना सहायक होगा।

22

अपने आप को ऐसा खड़ा कीजिए कि भीड़ में आप अलग उठ कर दिखें।

तस्वीर में सबसे पहले आपने क्या देखा? बिल्कुल सही कहा।
वह छोटा फूल जानता है कि विशेष तरह की मार्केटिंग क्या है।

बड़े बड़ों के बीच, अपनी छोटी सी दुनिया के मालिक बन जाईये।

23
पहले से ही लाल, स्वादिष्ट सेबों से भरे बाजार में, केले बेचिए।

कल्पना कीजिए कि आपका एक सेबों का उद्यान है। आप लाल, रसीले स्वादिष्ट सेब उगाते हैं। पर वही सैंकड़ों और उद्यान भी करते हैं। बाजार में आपके सेबों पर खास ध्यान जाने का कितना संयोग है? हाँ, यदि आप सेबों को केलों के सहारे रखेंगे, तो बात अलग हो सकती है।

स्थान और पद जरूरी है। मेरी श्रेणी के आम ''बैन्गोज़'' ब्रांड के नाम से बिकते हैं – फल की तरह नहीं, बल्कि निगम भेंट के रूप में।

24

कम मूल्य विक्रेता को ज्यादा दूर नहीं ले जाता।

वाकई, 'कम मूल्य' का होना एक सुझाव है। पर वह अच्छा सुझाव है, यह आवश्यक नहीं। यदि 'कम मूल्य' आपकी ताकत है, तो निश्चित कीजिए कि बिक्री की मात्रा इतनी हो, कि आप जीवित रह सकें। याद रखिए, मूल्य कम करने में कोई भारी विज्ञान नहीं है। यह तो केवल पैसे का विषय है। आगे–पीछे कोई और भी अपने दाम गिरानें का तरीका ढूंढ लेगा।

गहरी जेबों वाले प्रतियोगियों के लिए यह करना आसान है, चाहे अल्पकाल के लिए ही।

S F

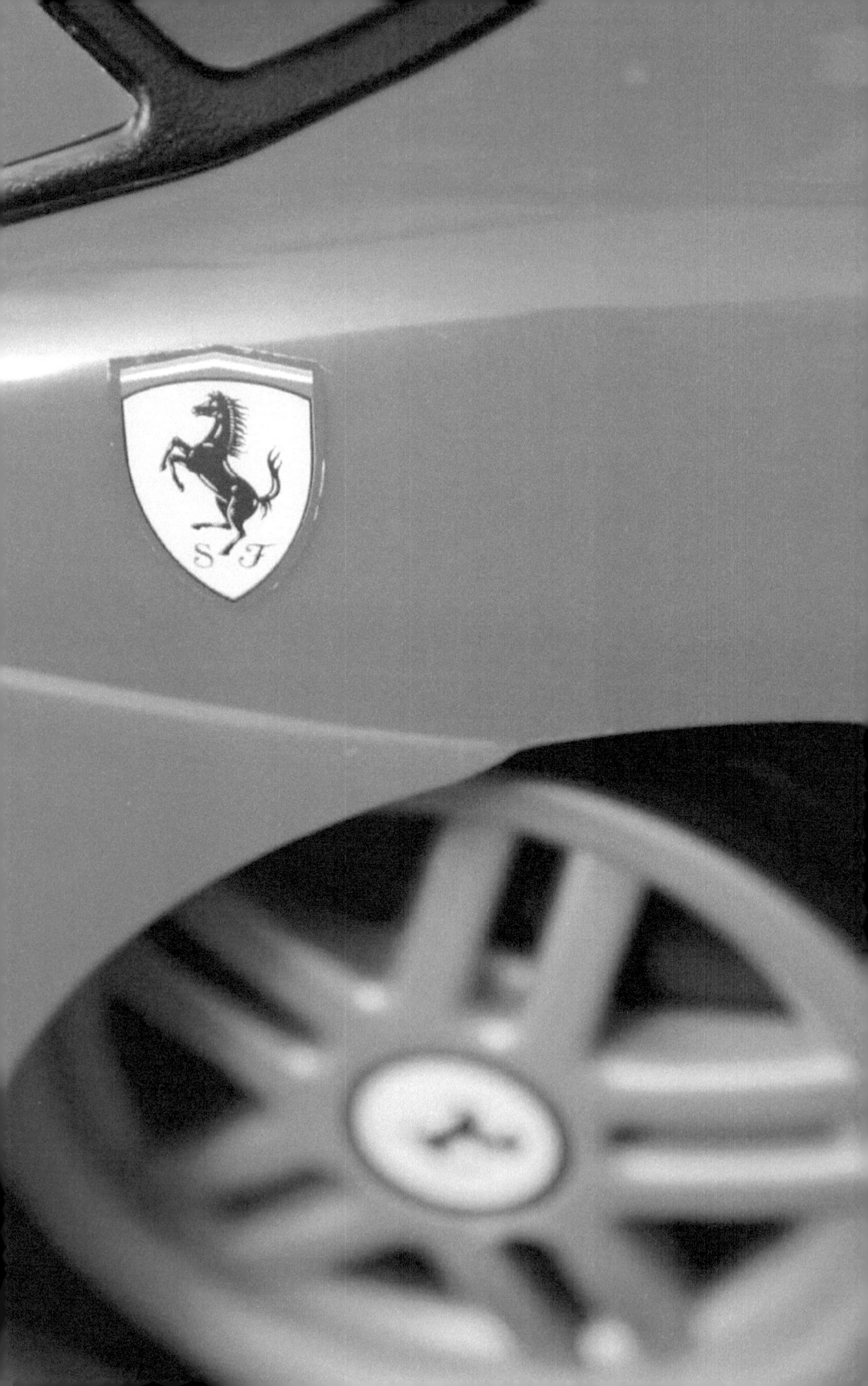

25

अधिक मूल्य वर्जित नहीं है।

अक्सर मैं ऐसे लोगों से मिलता हूँ, जिनका दृढ़ता से यह मानना है, कि बेचने के लिए, बाजार में सबसे कम कीमत का होना जरूरी है।

मैं इसके पूरी तरह से विरूद्ध हूँ।

कम कीमत कभी भी एक नैतिक गुण नहीं हो सकता। वह केवल तब तक चलेगा, जब तक कोई ज्यादा धनी प्रतियोगी न आजाए। वहीं दूसरी ओर, ये तथ्य, कि आपका उत्पाद या सेवा महंगी है, आपको अपना एक विशिष्ट स्थान बनाने का अवसर देता है।

यह और भी सही होगा, यदि आपकी सेवा 'जीवन–सँवारने'' जैसी, या अपने वर्ग में सबसे पहली होगी। अगर आपके लिए सम्भव हो भी, तब भी अपना मूल्य कम मत कीजिए।

बल्कि उसकी बजाए, अपने ग्राहकों की उम्मीदों को बढ़ाईये।

26
आगे सरपट दौड़िये... क्यों कि समय नहीं रूकेगा।

प्रतियोगियों के पीछे मत भागिए। उन्हें आपके पीछे भागने दीजिए। उनकी चालों को देखकर अपने कदम मत चलिये। बल्कि, खुद ही पहल कीजिए। प्रतियोगिता में सबसे आगे रहने से आपको अपने क्षेत्र में सबसे पहले होने का लाभ मिलेगा।

27

अपनी ताकत को चमकाईये।

आपके प्रतियोगी आपको देख रहे हैं और बड़े गौर से देख रहे हैं। वे दो बातों पर ध्यान देते हैं।

1. आपकी शक्ति पर, और
2. आपकी कमजोरी पर।

आप एक अच्छे लक्ष्य बन जाते हैं अगर आप अपने आप को बहुत फैला देते हैं। शक्तियों और कमजोरियों का एक बड़ा समूह बनने से आप एक आसान शिकार बन जाते हैं। अपने अलग–अलग मोर्चों को बचाते बचाते आप थक जाएगें ... सैंकड़ों कांटों का आपके पूरे शरीर पर चुभना घातक हो सकता है।

अपनी सर्वोत्तम ताकत चुनिये। अपनी उसी कील को और मजबूत करते जाईये, जिस पर आपका उत्पाद खुद बखुद टिक सके।

उस कील का अच्छा ध्यान रखें। वो कील ही वह वर्ग है, जिसके आप बादशाह हैं।

> **28**
> अपने प्रतियोगियों के खिलाफ इस्तेमाल करने के लिए पेचकस एक बड़ा अच्छा हथियार है।

मैं ऐसे व्यक्तियों को जानता हूँ जो विश्वास रखते हैं कि उन्हें प्रतियोगियों से कोई फर्क नहीं पड़ता। मुझे यकीन है कि ऐसी बातें वे जनता के सामने कहते हैं। अंदर से बात कुछ और भी हो सकती है या होनी चाहिये।

आज के जमाने में, अपने प्रतियोगी के कदमों को नजर अंदाज करना केवल मूर्खता है। बल्कि, वे ही अपने आगे के कार्य का मार्ग तय करते हैं। उपयुक्त कदम लेकर बढ़ना ही सर्वोत्तम है। सिर्फ तभी आप घटनाओं को सम्भाल पाएगें।

पेचकस का प्रयोग कीजिए और वह जितना कस सके उतना बेहतर।

29

अवगुण सदगुण बन सकते हैं।

व्यापार में हर चीज आपके पक्ष में नहीं होती। नहीं तो, आपका ही राज होता। ''मोनोपोली'' हर विक्रेता का सपना होता है, परन्तु खुले व्यापारी वातावरण में यह मुमकिन नहीं।

मैं हापूस आम एक निगम भेंट के रूप में बेचना चाहता था। भारत में अधिकतर उपहार दिवाली (अक्टोबर या नवंबर) या नए साल के समय भेंट किए जाते हैं। दुर्भाग्य से, हापूस आम की सबसे बढ़िया फसल अप्रेल और मई में होती है। तो क्या यह मेरे सपने का अंत था?

यह सच, कि हापूस आम दिवाली पर भेंट नहीं किया जा सकता, एक गुण बन गया। मेरे ग्राहकों को मेरे इन सवालों ने सोचने पर मजबूर कर दिया :

1. दिवाली के भरमार उपहारों में से क्या आपकी भेंट याद रखी जाएगी?
2. मिठाई या चॉक्लेट देने से, क्या उपहार लेने वाले पर भार नहीं हो जाएगा?
3. एक समान उपहारों के बीच, क्या आपको यकीन है कि आपका उपहार आगे किसी को भेंट नहीं किया जाएगा?
4. क्या एक उपहार, किसी को बिना कारण से दिया हुआ, उसके दिल को ज्यादा नहीं छूएगा?

गौर से सोचिये। रचनात्मक सोचिये। अवगुण शायद आपका दिन बना दे।

ORTH BEACH
SHURE

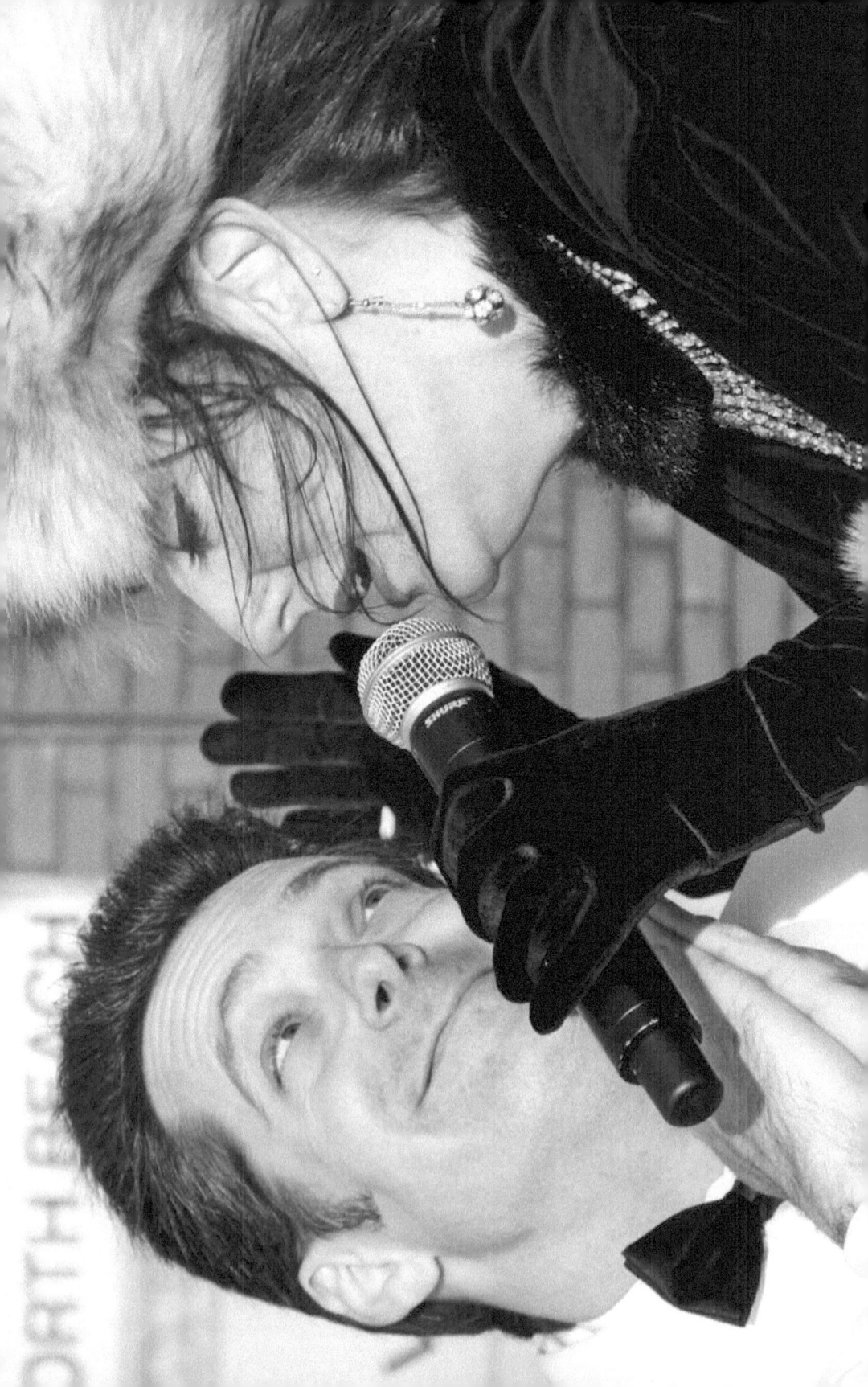

30. संदर्भ के लिए पूछिये।

आपके उत्पाद या सेवा की सिफारिश मिलना ही आपका सबसे प्रभावशाली बिक्री का साधन है। आप संदर्भ इनसे ले सकते हैं:

1. आपके ग्राहकों से।
2. आपके व्यापारी सहयोगियों से।
3. आपके मित्रों से।

खरीदे हुए प्रमाण–पत्र उतने प्रबल नहीं होते। ग्राहक के दिमाग में वह एक विज्ञापन ही होगा और विज्ञापन उतना प्रभावशाली नहीं होता जितना एक निष्पक्ष व्यक्ति का कथन होता है।

आपको रेफरेन्स तभी मिलेगा जब आप अपने कार्य में उत्तम होंगे।

31

बेचने के लिए, अधिक से अधिक मेहनत करनी पड़ती है। यदि एक दरवाजा बंद मिले, तो दूसरा खटखटाइये।

मेरे काम की शुरूवात घर–घर जाने वाले विक्रेता के रूप में हुई। कोई और पेशे में भी यह सिद्धान्त उतना ही सच है। आपका चुना हुआ क्षेत्र चाहे जो भी हो, कठोर परिश्रम अधिक महत्वपूर्ण है। खुले दरवाजे मुश्किल से मिलते है।

''चतुराई से काम कीजिए, मेहनत से नहीं'' बड़ा घिसा–पिटा कथन है। मेहनत और चतुराई दोनों से काम कीजिए। 5 किलोमीटर प्रति घंटे की रफ्तार से आपको 10 किलोमीटर की दूरी तय करने में 2 घंटे लगेंगे। किराये की गाड़ी लेने में ''चतुराई'' है, पर उसके लिए पैसे की आवश्यकता है।

आन्त्रप्रेन्योर के पास अक्सर ज्यादा कुछ नहीं होता।

> **32**
>
> अपने प्रतियोगियों के साथ अन्याय कीजिए।
> ग्राहकों को अपने पाले की तरफ रखिए।

बाजार और खेल के मैदान में फ़र्क है। बाजार में प्रतियोगियों के पास बराबर साधन उपलब्ध नहीं होते, और इसलिए, यह जरूरी है कि आप कुछ ऐसा करें कि सफलता आपके पक्ष में हो।

अपनी सेवा और उत्पाद को ऐसा बनाइये कि ग्राहक आपकी तरफ ही खिचें आए।

आखिरकार, व्यापार के खेल के अंपायर तो ग्राहक ही होते हैं, ... और अंपायर ही आपके पक्ष में हो तो क्या आप कभी हार सकते हैं?

linea
RETRO
RONNIE

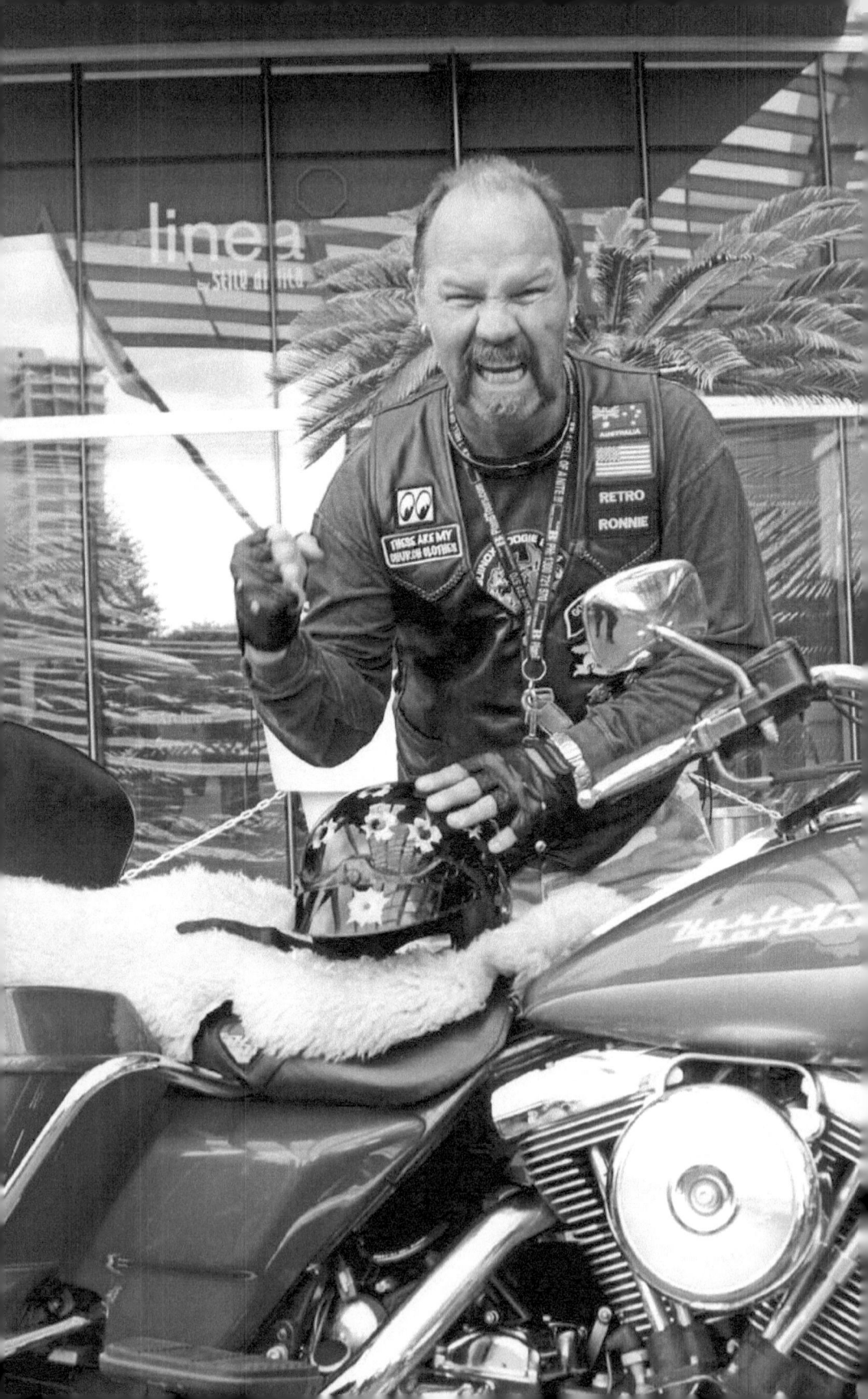

33

अप्रसन्न ग्राहक एक अवसर है।

भारत जैसे देश में यह बिलकुल अच्छे से काम करता है। दुर्भाग्यवश, अधिकतर ग्राहकों को बिक्री होने के बाद भुला दिया जाता है ... खासकर यदि बिक्री कम मूल्य की हो तो।

जो आम मैं बेचता हूँ, उन्हें महंगा समझा जाता है, पर मेरी नजर से हर डब्बा कुछ सैंकडों का ही है। एक ऐसी कीमत जो ''आफ्टर सेल्स सपोर्ट'' के लिए प्रोत्साहित नहीं करती।

मैं खुश हूँ कि मैंने हमेशा यह निश्चित किया है कि ग्राहक के हर प्रश्न, विशेष रूप से बिक्री के बाद, का उत्तर दूँ, व्यक्तिगत रूप से। हमसे अगर कोई गलती हुई है, तो हुई है।

केवल यह बात, कि हम तत्काल ही हर समस्या का समाधान लेकर ग्राहकों को जवाब दे देते हैं, उन्हें आश्चर्यचकित कर देती है। शायद उनको इसकी आदत नहीं।

इस बात का प्रभाव हमे आनन्दित कर देता है। अप्रसन्न ग्राहक ही हमारे सर्वोत्तम ग्राहक बन जाते हैं। ना सिर्फ वो और खरीदी करते हैं, बल्कि दूसरों से हमारी सिफारिश भी करते हैं।

हम और क्या चाह सकते हैं?

मैं इस बात को स्वीकारता हूँ, कि कभी–कभी कुछ अप्रसन्न ग्राहकों को हम कभी खुश नहीं कर पाते। उनकी मांगे हमारे वश और पहुँच के बिलकुल बाहर होती हैं।

PROJECT

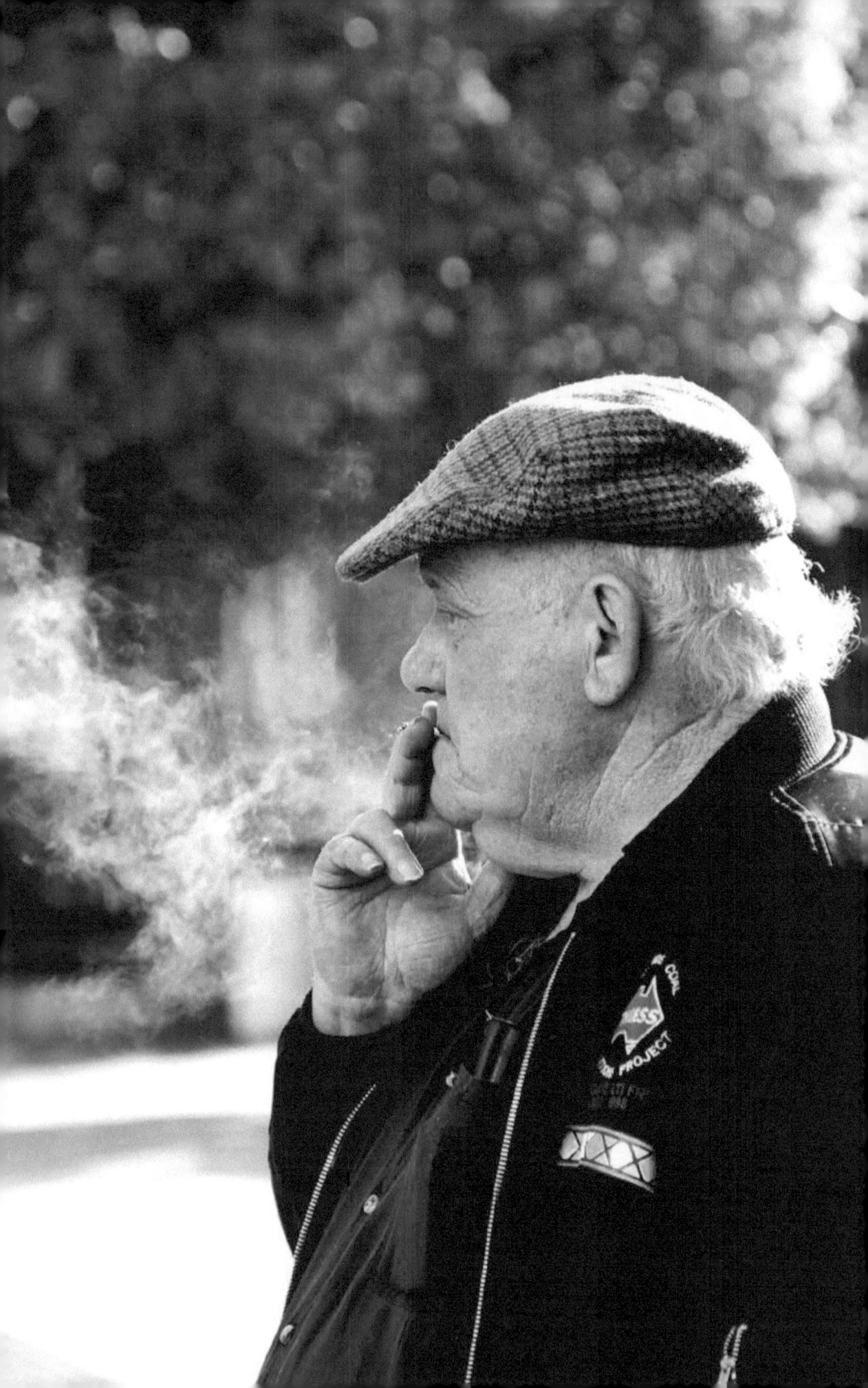

> **34** धनवान व्यक्ति सदैव सही होते हैं।

मेरे करियर में, मैंने अनेक लोगों को धनवान बनाया है। मेरे उपभोक्ताओं का बैंक बैलेन्स जैसे-जैसे बढ़ा वैसे-वैसे उनका मेरे नये विचारों के प्रति विरोध बढ़ता गया।

धीरे-धीरे उन्हें यह विश्वास होने लगता कि वे जो हैं, सिर्फ और सिर्फ उनकी खुद की पहल और विचारों से हैं, कि उनके निर्णय कभी गलत नहीं हो सकते। इस से चर्चा की कोई सम्भावना ही नहीं बचती।

धनवानों के साथ आप एक एकतरफा सड़क पर होते हैं। गलत दिशा में जाने से दुर्घटना हो सकती है।

पाश्च्यलेख : धूम्रपान सेहत के लिए हानिकारक है। चाहे आप धनवान ही क्यों न हों।

sas bloemiste

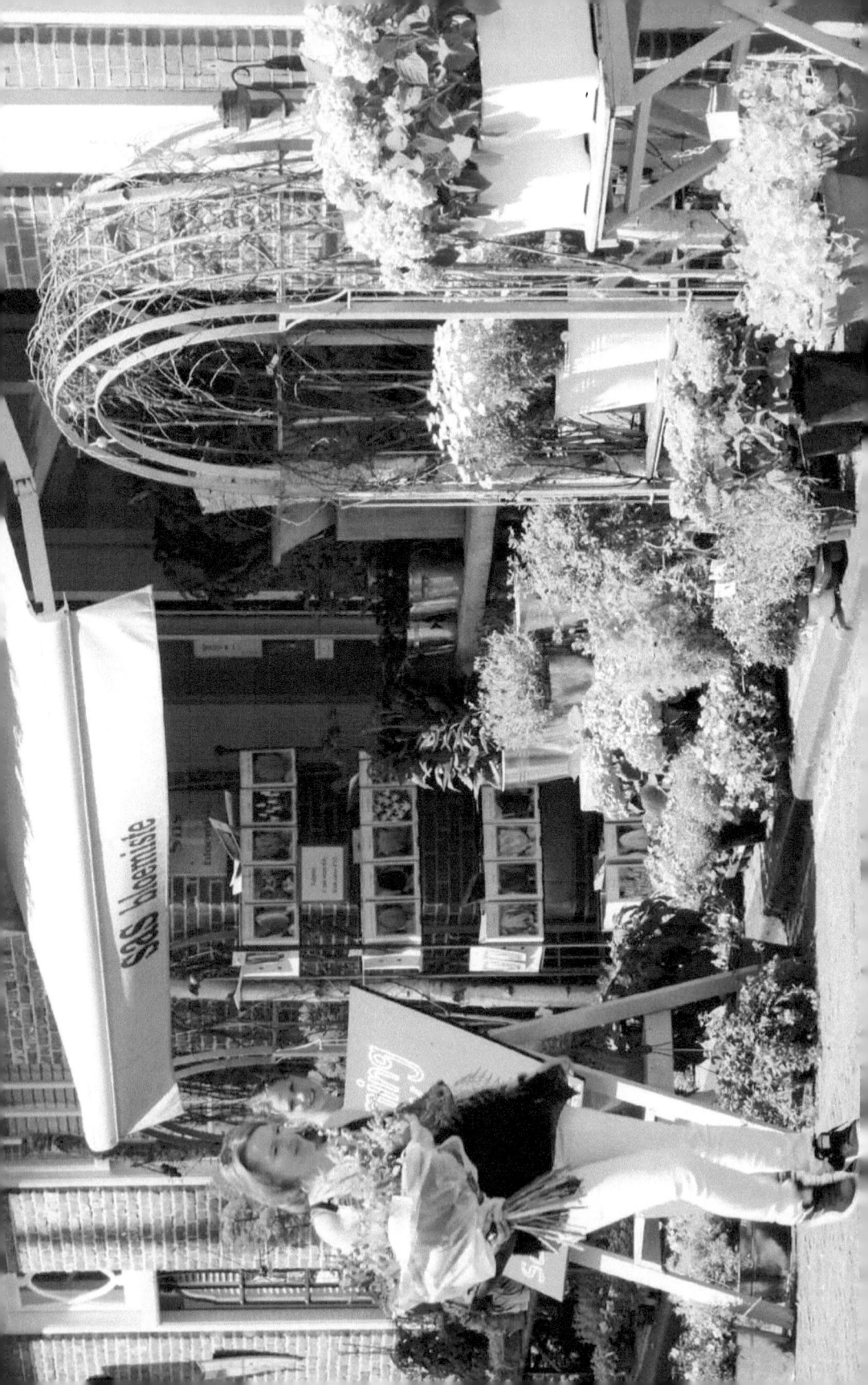

35
समझाने के लिए पहले खुद को समझना पड़ेगा।

किसी भी विक्रेता को कभी अधूरे मन से बेचने की कोशिश नहीं करनी चाहिये। आपके ग्राहक से पहले खुद ही अपने प्रस्ताव को चीर कर देखो। लोगों को खरीदने के लिए कहने से पहले, अपने आप से यह सरल सवाल पूछिये, ''क्या मैं इसे अपने पैसे से खरीदूंगा?''

ईमानदारी से अगर आपका जवाब ''हाँ'' है, तो यही बात आपको ग्राहकों को राजी करने में सबसे अधिक काम आएगी।

36

छोटे ग्राहक जाते समय बड़े दिखने लगेंगे।

कोई भी ग्राहक इतना छोटा नहीं होता कि उसे नजर अंदाज किया जाए। व्यापार शुरू करने के समय अधिकतर छोटे ग्राहक ही आपके लिए दरवाजे खोलते है। समय के साथ, आपका काम ऐसे ग्राहकों को आकर्षित करता है, जो बड़ी मात्रा में व्यवसाय देते हैं। हर तरह से, बड़े ग्राहक खास ध्यान के योग्य हैं, मगर छोटे ग्राहक को नजर अंदाज करके नहीं।

आपके जोड़ को बढ़ाने में छोटे ग्राहकों का भी योगदान होता है।

my doctor says I need glasses

37
अपनी बातचीत या सम्पर्क में सावधानी रखें।

मेरा मानना है, कि एक इंसान के लिए, संपर्क करने की कला का होना सबसे आवश्यक है। सही तरह के शब्द, सही समय पर प्रयोग करने से जादू कर सकते हैं और उसका विपरीत एकदम तबाही मचा सकता है।

मैं लोगों को कम से कम एक भाषा में प्रवीण होने की सलाह देता हूँ। लिखित या मौखिक संपर्क कला का वाकई कोई मुकाबला नहीं।

खूब पढ़िये। यदि आपको किसी वक्ता को सुनना अच्छा लगे, तो उसे खूब सुनिये। उनको सुनना आपको क्यों पसंद आता है, इसका जवाब ढूंढिये।

38
अपने उपभोक्ता की बात ध्यान से सुनिए। वह हमेशा सही नहीं होता।

मैंने "ग्राहक" की जगह "उपभोक्ता" लिखा है।

प्रायः "B2C" की दुनिया में ग्राहक ही सही होता है ... चाहे वास्तव में वह न भी हो। यह इसलिए, क्यों कि ग्राहक की सोच ही सफलता की चाबी रखती है। "B2B" की दुनिया में, जहाँ दो व्यक्ति मेज के पार तोल-मोल करते हैं, वहां दृश्य बदल जाता है। खरीदार गलत भी हो सकता है।

खरीदार को बताना जरूरी है। कड़वी दवाइयाँ ही सबसे प्रभावशाली होती हैं।

39

अपने ब्रांड के साथ न चलिए।

एक बार आपने अपने एक विशिष्ट उत्पाद या सेवा के लिए एक ब्रांड बना लिया, तो उसका प्रयोग समान या अलग प्रकार के उत्पादों के लिए मत कीजिए। नहीं तो ऐसी हानि होगी जिसका सुधार नहीं हो सकेगा।

कुछ वर्ष पहले तक, मेरी कक्षा में जब मैं ''किंगफिशर'' का नाम लेता था, तब उसे तुरन्त बीयर के साथ जोड़ दिया जाता था। आज वही शब्द हवाई कंपनी के साथ भी जोड़ा जाता है। खैर, मैं उस हवाई कम्पनी के खिलाफ कुछ नहीं कह रहा। मुझे तो उस बीयर की चिंता है। क्योंकि ''किंगफिशर'' अब एक बीयर ''भी'' है। अन्य बीयर ब्रांड के लिए अब अपना निशान बनाना ज्यादा आसान हो गया।

वास्तव में मुझे उस हवाई कंपनी की भी चिंता है। किंगफिशर ने एयर डेक्कन को खरीदा, जो कम कीमत वाली कंपनी (लो कॉस्ट कैरियर) के वर्ग की सर्वश्रेष्ठ कंपनी थी। उसका ब्रांड बदला गया। अब वह हो गई ''किंगफिशर रैड''। न केवल लो कॉस्ट कैरियर वर्ग के एक सबसे स्थापित ब्रांड का बलिदान दिया गया, बल्कि ''रैड'' को प्रस्तुत करके, ''किंगफिशर'' एक पूरी सर्विस कंपनी (फुल सर्विस कैरियर) को भी दाँव पर लगा दिया गया। आखिर ग्राहक के दिमाग में ''किंगफिशर'' है क्या? कम कीमत वाली कंपनी या पूरी सर्विस वाली कंपनी? या बीयर?

शंकित ग्राहक कहीं और देखने लगेगा।

40
एक अलग टोपी पहनिये।

अपने ब्रांड के संग न चलने के मेरे विचार को आप गलती से अपने व्यापार को न फैलाना मत समझिये। यदि आप सफलतापूर्वक अलग वर्ग के उत्पाद या सेवा के विकास की क्षमता रखते हैं, तो जरूर आगे बढ़िये।

बस ध्यान रखिये कि हर एक का ब्रांड अलग हो।

यद्यपि, अगर एक साबुन एक साबुन ही है, निर्माता विशेष ध्यान रखते हुए, उन्हें अलग—अलग ब्रांड के नीचे रखते हैं। शरीर के गंध का साबुन, ताज़गी के लिए साबुन, शिशुओं के लिए साबुन, रुखी त्वचा के लिए साबुन ... सूची खत्म नहीं होती। सारांश में, निर्माता अलग वर्ग बनाकर अपना—अपना हिस्सा लेने का प्रयास कर रहे हैं। ऐसा ही होना चाहिये।

यह और भी ज्यादा सच है, जब आप समपूरक उत्पाद बनाना चाहते हैं। कोलगेट दाँतों का ब्रश बनाता है, पर ओरल—बी, एक विशेषज्ञ, ज्यादा मूल्य माँगता है। कोलगेट माऊथवॉश भी बना सकता है, पर मुझे यकीन है कि लिस्ट्रीन ही उस वर्ग का नेता होगा। कोलगेट दाँतों के पेस्ट के लिए जाना जाता है, प्रतियोगियों को उसकी यह जगह हिलाने में बहुत कठिनाई होगी।

निरमा, कम कीमत वर्ग का एक बेहद सफल धोने का साबुन पाउडर था। उसे दृढ़ता से सस्ते साबुन पाउडर के साथ जोड़ा जाता था। सफलता सूंघकर, और निरमा ब्रांड के नाम से और कमाने की आशा से, निरमा ने नहाने का साबुन, और उस से भी बुरा, दाँतों का पेस्ट बनाना शुरू किया।

क्या आप खुद को निरमा से घिसेंगें, या अपने मुँह में उसे डाल सकेंगे?

PUL BIBER
CHILI
KORI
CURY
NUTMEG
GINGER
SALAD SPICE
APPLE TEA
ORANGE

41

अपने ब्रांड का त्याग करने का समय कब है?

भगवान न करे कि ऐसा समय किसी विक्रेता की जिन्दगी में कभी आए। ब्रांड हमेशा के लिए बनाए जाते हैं। ब्रांड के निर्माता आते जाते हैं। ब्रांड बने रहते हैं।
कुछ मौकों पर हमें उपयोगी दृष्टि से देखना आवश्यक हो जाता है। आपके ब्रांड के प्रति प्रचलित सोच से आपको अंदाजा आ जाएगा। शायद वह कुछ कठिन निर्णय लेने का समय हो ... ब्रांड को छोड़ने का।

'प्रवीण' कुछ 50 वर्षों से है। उसे दृढ़ता से अचारों के साथ जोड़ा जाता था और आज भी जोड़ा जाता है। जैसे–जैसे ब्रांड बढ़ता गया, वैसे ही उत्पाद की श्रेणी भी बढ़ती गई। धीरे–धीरे, प्रवीण ब्रांड के नीचे बीसों प्रकार के मसाले, मिश्रित मसाले, पापड़, नमक इत्यादि आने लगे। इस प्रकार, प्रवीण उत्पादों की एक बड़ी टोकरी हो गई।

व्यापार के बंटवारे में, एक भाई को 'प्रवीण' ब्रांड रखने को मिला। बाद में मुझे, मेरे विचार देने के लिए बुलाया गया क्योंकि नई श्रेणी के मिश्रित मसाले और विविध प्रकार के 'रैडी–टू–कुक' मसाले बनाने की योजना बन रही थी। प्रवीण की टोकरी और बड़ी होने वाली थी।

मैंनें उनसे प्रवीण ब्रांड त्यागने को कहा। यह कड़वी दवाई अच्छे से गले नहीं उतरी और सही ही था। ऐसे ब्रांड का त्याग कर दो जो 50 वर्षों से है? मैं समझ सकता था। मगर, मेरे लिए प्रवीण की टोकरी बड़ी अस्पष्ट थी। मुझे लगा कि प्रवीण अपना महत्व खो रहा था।

अंत में, प्रवीण को हटाकर 3 नए ब्रांड का निर्माण किया गया – सर्वम, अम्बारी और सुहाना। उत्पादों की श्रेणी को तीनों में बाँटा गया– हर एक, एक विशेष जरूरत के लिए। मुझे बताया जाता है कि यह तीनों ब्रांड मिलकर प्रवीण से ज्यादा कमाते हैं।

मैं आशा करता हूँ कि वे सफलता में बहकर सुहाना ब्रांड में और अधिक प्रकार को न डाल दें। वरना, इतिहास दोहराएगा।

इस्तानबुल, तुर्की

42

पारिवारिक विवाद जीवन की कठोर सच्चाई है।

सुनने में कितना ही कटु लगे, यही वास्तविकता है। केवल कुछ मामलों को छोड़कर, कभी एक–दूसरे के हृदय में बसने वाले भाई, शत्रु बन जाते हैं। भाग्य से बहुत बार बंटवारा राजी–खुशी हो जाता है ... जहाँ भाइयों में बातचीत बनी रहती है।

भगवान न करे, अगर आप ऐसी किसी परिस्थिति में फंस गए, तो अपने ब्रांड का हिस्सा न करना। या तो उसे पूरा आप रखिए और या उसके बदले उसका रूपया लीजिये। ब्रांड को बांटनें से बेहतर है नई शुरूआत करना। एक ही ब्रांड का मिलकर प्रयोग करने वाले भाई, ग्राहकों को भ्रमित करने का बड़ा खतरा उठाते हैं। यह बात बिज़नेस पार्टनरों के लिए भी लागू होती है।

यदि एक व्यक्ति ने कोई चूक करी, तो दूसरा भुगतेगा।

43

जुनून किसी भी प्रदर्शन या वार्तालाप को शक्तिशाली बना देता है।

विषय–वस्तु सबसे उच्च है। आप क्या कहते हैं, वास्तव में महत्वपूर्ण है। पर आपके कहने का तरीका, आपके विषय–वस्तु को बेहतर ही दिखाएगा। इसका रहस्य है पूरे उत्साह के साथ शामिल होना और उत्साह तभी आता है, जब आपको आपकी बात पर पूर्ण विश्वास हो।

अपनी संपर्क कला में उत्साह भर दो, साथ ही, थोड़ा नाट्य कला का भी सहारा लीजिए ... थोड़ी भावुकता, थोड़ा ड्रामा से और प्रभाव पड़ेगा।

मेरे करियर में मैंनें अनगिनत प्रदर्शन दिये हैं। उनमें से एक तब था, जब मेरे उपभोगता– ''विंटेज कार्ड्स'' हॉलमार्क कार्ड्स को भारत में लाने का प्रयास कर रहे थे। वहाँ इस अवसर को पाने के लिए 5 शक्तिशाली कम्पनियाँ भी थीं, जो हॉलमार्क के साथ जुड़ना चाहती थीं। हमारे आकार और इंफ्रास्ट्रक्चर को देखते हुए, हम निश्चित ही सबसे कम महत्वपूर्ण थे।

आखिरकार, हॉलमार्क कार्ड्स ने हमारे साथ जाने का निर्णय लिया। एग्रीमेन्ट हस्ताक्षर के दौरान जिज्ञासावश हमने पूछा कि हमारे पक्ष में क्या था?

''आपका उत्साह'' उनका जवाब था। ''हमारे संग व्यापार करने की आपकी उत्सुक्ता अत्यंत स्पष्ट थी।''

> **44** तनाव के माहौल में शायद हास्य जादू कर जाए।

मैं आपको बोर्डरूम में जोकर बनने की सलाह नहीं दे रहा। परन्तु, भरोसा कीजिए, आपकी अच्छी हास्यवृत्ति आपके हित में ही काम करेगी। जब बाकी सब असफल हो जाए, मुस्कुराहट फैलाईये।

हो सकता है वह काम कर जाए।

> **45** जैसे-जैसे समिति बड़ी होती जाती है, वैसे-वैसे निर्णय अर्थहीन होने लगते है।

बिज़नेस बैठक में योजनाओं की चर्चा करना बड़ी आम बात है। आखिर बोर्डरुम बने ही इसलिए हैं। फिर भी, प्रायः जब मार्केटिंग की, या विशेष रुप से उससे संबन्धित बात हो, तो सामूहिक निर्णय वास्तव में, बहुत हानिकारक होता है।

कारण बड़ा साधारण है। एक समूह, सुरक्षित प्रस्ताव ही पसन्द करता है ... बीच का मार्ग। प्रायः यह मार्ग बाजार में इच्छित प्रभाव डालने में असफल हो जाता है। मार्केट भेदने के लिए नुकीले औजार ही चाहिये।

आंत्रप्रेन्योर की एक खासियत है। वे जोखिमभरे निर्णय ले पाते हैं।

46

क्षमा प्रार्थना काम करती है।
बहस नहीं।

आप अपने निर्णय के साथ सदैव सही नहीं होंगे। अपनी गलती को स्वीकारिये। काफी सम्भावना है कि आपको फिर एक अवसर दिया जाएगा। मेरे जीवन का ज्यादा हिस्सा सुझाव देने में और संकल्पना बनाने में बीता है। उनमें से कुछ नाकामियाब हुए। इसमें उपभोगता की भूल नहीं थी। वो मेरी समझ थी जो पटरी से उतर गई थी। अपनी भूल स्वीकारने की वजह से मुझे कभी भी निकाला नहीं गया।

बहस करने हेतु बहस करने का कोई मतलब नहीं। सम्भवतः आप वो पल जीत जाएं... मगर वह दिन खो दें।

THE DIANA PRINCESS OF WALES MEMORIAL WALK

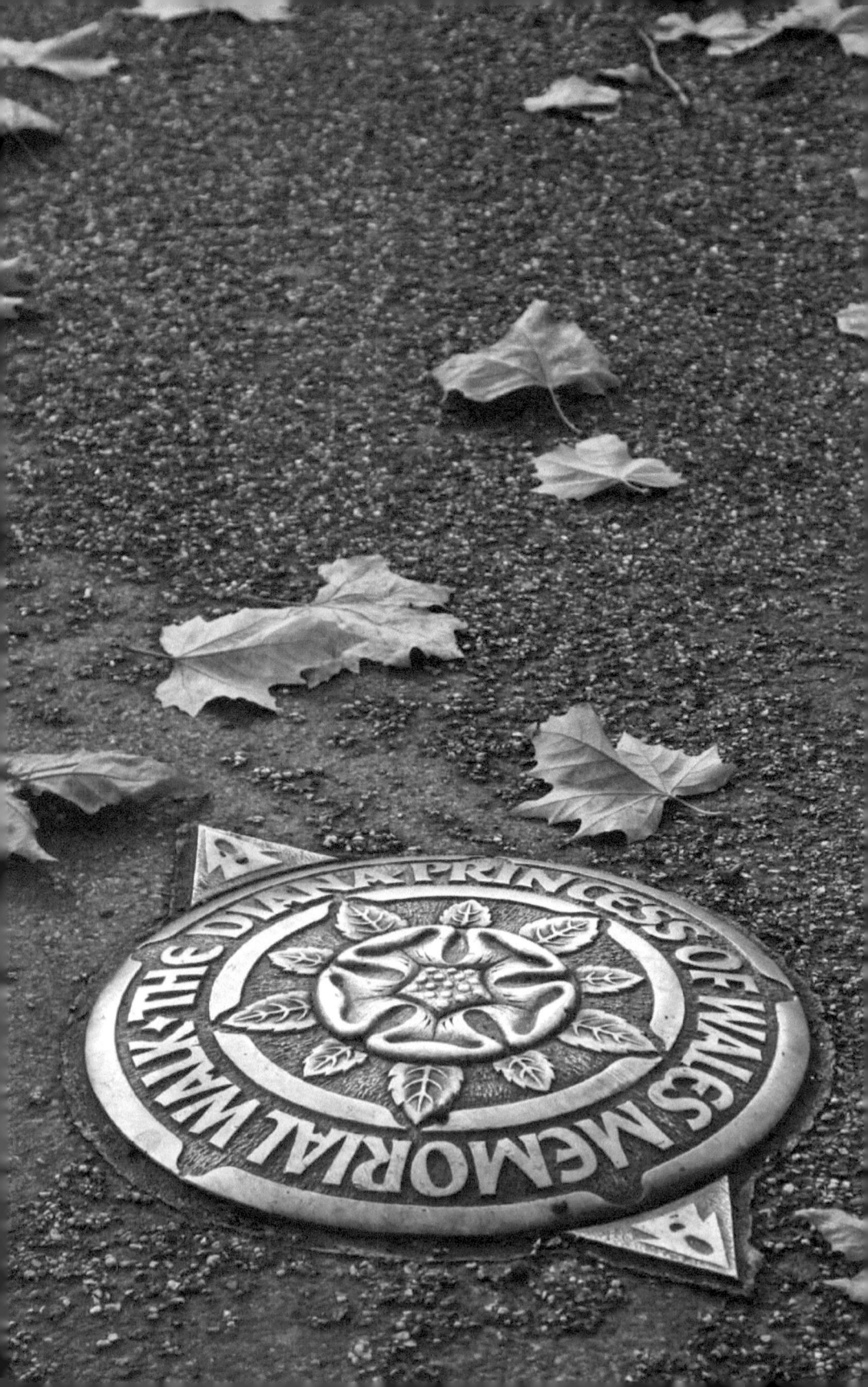

47
अशांत मनःस्थिति में निर्णय आगे के लिये छोड़ दीजिये।

एक व्यवसायी होने के नाते आपको निर्णय लेने पड़ेंगे और उन्हें फुर्ती से लेने पड़ेंगे। अनुचित विलम्ब से किसी को फायदा नहीं।

फिर भी, यदि आपकी मनःस्थिति प्रसन्न नहीं है, तो जरूर निर्णय लेने का कार्य स्थगित कर दें। ऐसा करने से आप यह निश्चित कर लेंगे कि निर्णय आपकी रूष्ट भावनाओं से प्रभावित नहीं हुए। नाश्ते की मेज़ की बहस का असर काम की मेज़ पर बैठे समय आपके विचारों पर नहीं होना चाहिये।

थोड़ा सा टहल लीजिए, मन शांत हो जाएगा। तभी आप विवेक से सोच पाएंगे।

48
ऐसा प्रस्ताव मत रखिए, जो आप पूरा नहीं करने वाले।

दिखावटी सांत्वना से दूर रहिये। वह आपके और आपके व्यापार के लिए भलाई से ज्यादा हानि करेगी।

यदि आप कोई चीज़ नहीं कर सकते, तो यह कहने का साहस रखिए। यदि आप 24 घंटों में समाधान के साथ लौटने का आश्वासन देते हैं, तो निश्चित कीजिए कि आप 24 घंटों के भीतर लौटें ... समाधान के साथ।

आप क्या ना बने – इसके बढ़िया उदाहरण हैं– बैंकों के तथाकथित "रिलेशनशिप मैनेजर्स" और अन्य सेवाकर्मी। अगर वे फोन उठा लें, तो आपके लिए चाँद लाने का वादा करेंगे ... अमावस्या की रात। मैं उन्हें पूरी तरह से दोषी नहीं ठहराता।

वे शायद अयोग्य न हों, बल्कि केवल काम के बोझ से लदे हों।

49
मुफ्त की सलाह लगभग व्यर्थ है।

सस्ती या मुफ्त दी गई सलाह से सावधान रहिये। यह तथ्य, कि कोई मूल्य नहीं माँगा गया, इसका प्रमाण है, कि सलाह देने वाला पूछे गए प्रश्न के विषय से कितना दूर है।

इसे इस तरह भी देखा जा सकता है– क्यों कि सलाह माँगनें वाले को कोई कीमत नहीं चुकानी, उसके प्रश्न अच्छी तरह सोचे हुए नहीं होगें। फिर उनके उत्तर उपयोगी कैसे हो सकते हैं।

इसका तात्पर्य : सलाह तब तक मत दीजिए, जब तक माँगी न जाए और यदि वह व्यवसायी है, तो उसका मूल्य लगाईये।

CORREO
ARGENTINO
ISLA REDONDA
POST

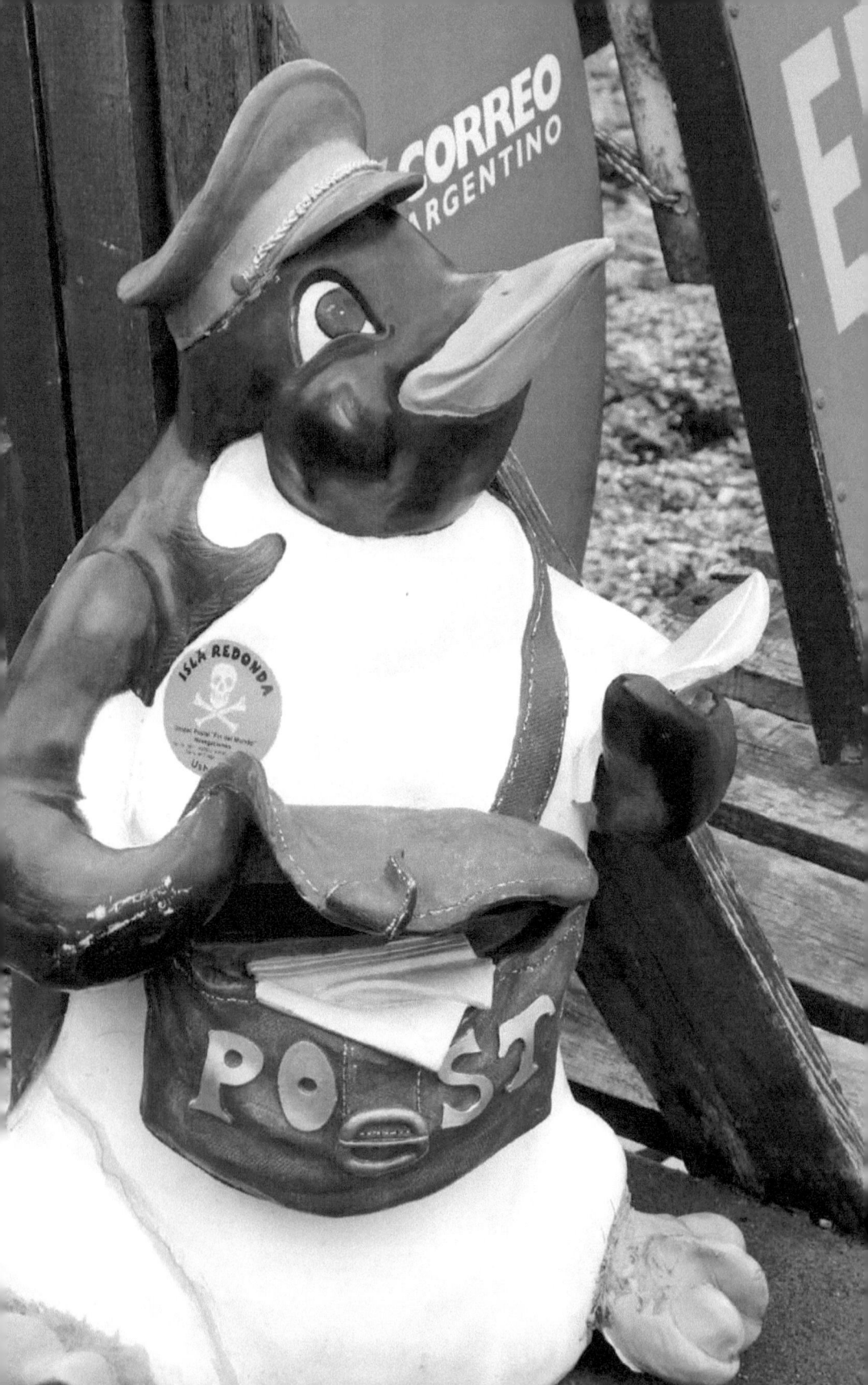

50

मुफ्त मार्केटिंग?

गलत मत समझिये। मुफ्त मार्केटिंग जैसी कोई चीज नहीं होती। सवाल केवल इतना है कि आपकी मार्केटिंग कितनी कॉस्ट–इफैक्टिव है।

हाँ, इंटरनेट भी मुफ्त नहीं होता। बस क्योंकि आपकी एक वेबसाईट है, जरूरी नहीं कि ग्राहक उसे देख अपने डेबिट व क्रेडिट कार्ड लेकर खरिदारी करने के लिए भीड़ लगा दें। दूर–दूर तक नहीं। आपको आपकी वेबसाईट का विज्ञापन करना होगा और उसके लिए चाहिये पैसा। गूगल एवं अन्य साईटों को अपना साथी समझिये। प्रायः, वे ही हँसते हुए अपने बैंक जाएगें, आप नहीं।

कि लाखों ई–मेल (स्पैम) भेजने से आपको अनोखे एवं विशेष परिणाम मिलेंगे, एक और मार्केटिंग झूठ है। हाँ, ई–मेल भेजना प्रभावकारी हो सकता है, यदि आप योग्य सूचियों के लिए कीमत देने के लिए तैयार हों, या अपना खुद का डाटाबेस बनाने का कष्ट उठाएं।

51

आखरी निर्णय हो आपका।

जिम्मेदारी लेने के लिए सबसे पहले आगे आईये। अपने विचारों का जाल बिछायें। सभी संबंधित व्यक्तियों को बता दीजिए कि अगर आप पर जिम्मेदारी होगी, तो कार्य पूरा होगा और यह, कि अगर कुछ गलत हो भी गया, तो आप उसे कुबूल कर लेंगे।

यह एक अच्छे मैनेजर की निशानी है।

52

अपने सिर को दाँव पर लगाईये।

और आगे देखने के लिए, आपको अपने सिर को बाहर निकालना होगा। ऐसा करने से आप अपने साथियों (यानि, प्रतियोगियों) से अधिक जानने की सम्भावना बढ़ा देगें। जो सिर बाहर निकले होते हैं, वे ही दिखते हैं और वे ही कट भी जाते हैं।

इतना खतरा उठाईये।

HRADNÍ STRÁŽ

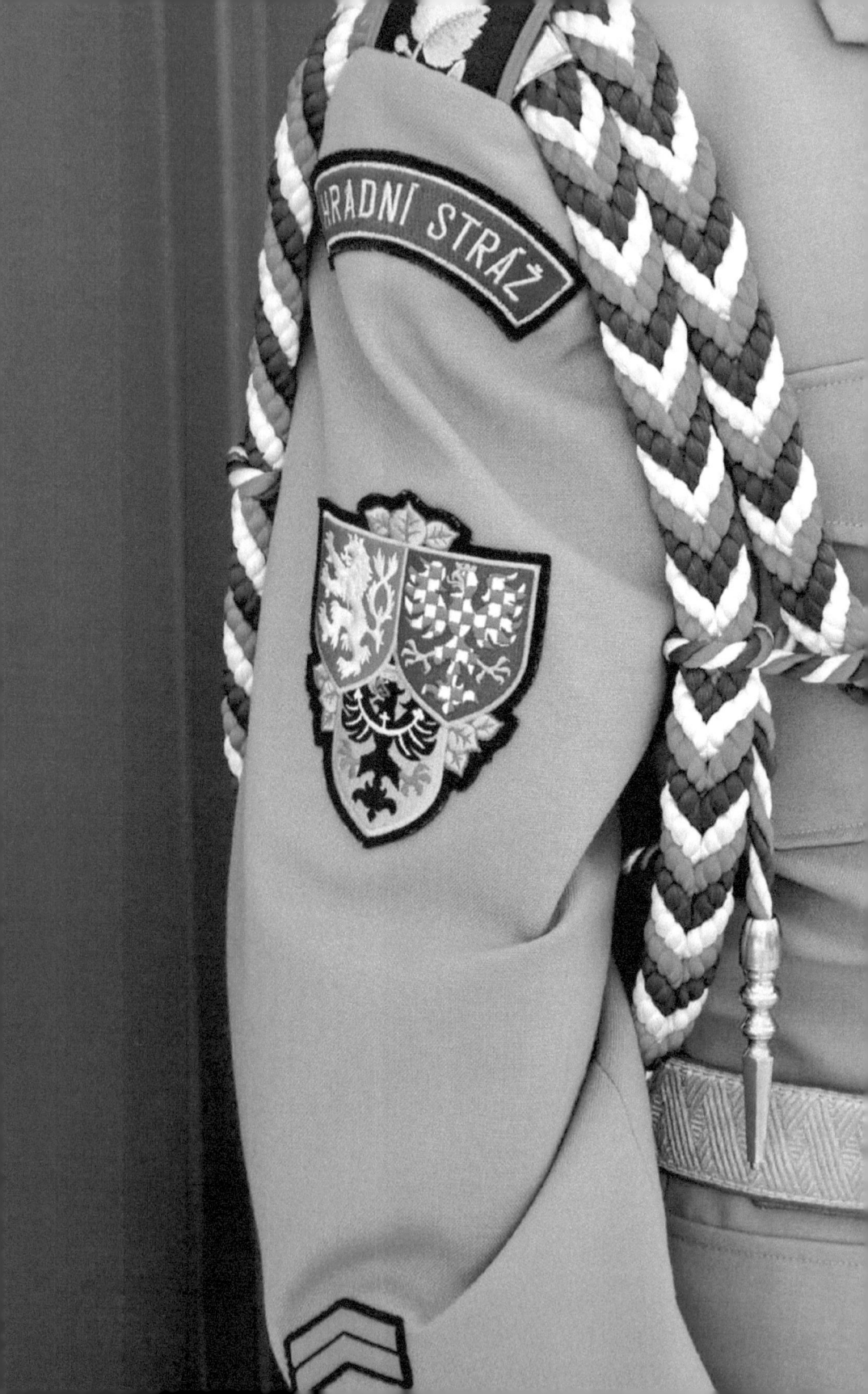

53 केवल पद को देखकर मिला आदर व्यर्थ है।

ऊँचे पद वालों को नीचे पद वालों से सलामी मिलेगी ही। चुनौती तो है अपने कार्य के बल पर सबका सम्मान जीतने में।

एक अच्छी शुरूआत है अपने छोटों से बेहतर करना। अपना हाथ आगे बढ़ाना और अपने कंधे का सहारा देना– दो और नैतिक गुण हैं।

54
अच्छे गुणों का कभी भी अनदेखा नहीं होता।

एक महान कवि ने कहा था, कि गुलाब किसी भी नाम से हो, वह एक समान ही महकेगा।

शायद आपके अच्छे कार्य को पदक न भी मिले। परन्तु वह व्यर्थ नहीं होगा। पदकों की कमी से किये जाने वाले कार्य करने की कोशिश से हतोत्साहित मत होईये।

अब जब आपने अपना काम अपनी पूरी योग्यता से कर लिया है, तो फिर आपके बॉस की बारी है इस बात को ध्यान रखने की। उन्हें पता होना चाहिये कि अच्छे सहकर्मचारी बहुत दुर्लभ होते हैं।

Lost Pro

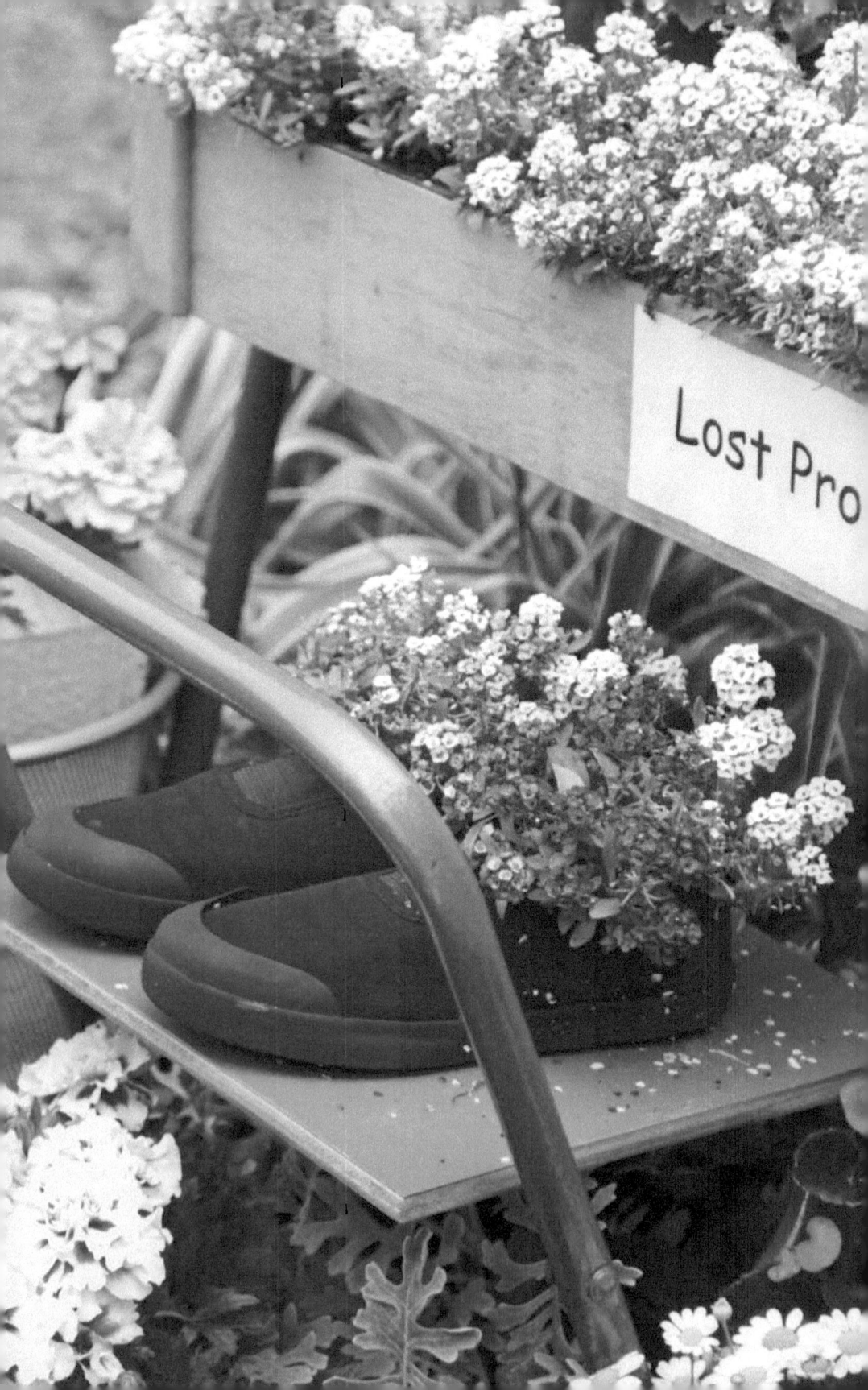

55

बेकार जैसी कोई चीज नहीं।

एक मैनेजर होने के नाते, आपको अपनी टीम के छिपे हुए गुण पहचानने होंगे। भरोसा करिए, हर व्यक्ति में एक होता है। मेरे दफ्तर का लड़का "डार्क रूम" में बहुत अच्छा काम करता था।

> **56**
> आगे बढ़ते समय, आपके रास्ते में बाधाएँ आएगीं। यदि उनसे बच नहीं सकते, तो उनका उपयोग कीजिए।

ऊँचाई हासिल करने के लिए आपको अपनी टीम का सहारा लेना पड़ेगा और हर टीम के खिलाड़ी बढ़िया नहीं होते। अकर्मण्य साथियों के लिए रचनात्मक भूमिका खोजिए ... उन्हें एक लक्ष्य दीजिए, सही मार्ग दिखाइये तथा जिम्मेदार ठहराइये। वे आपकी चमक बढांएगें।

इन तारों से मुझे चर्च पर केंद्रित होने में सहायता मिली।

TORTURE
museum
OPENED DAILY FROM
10:00 - 23:00h

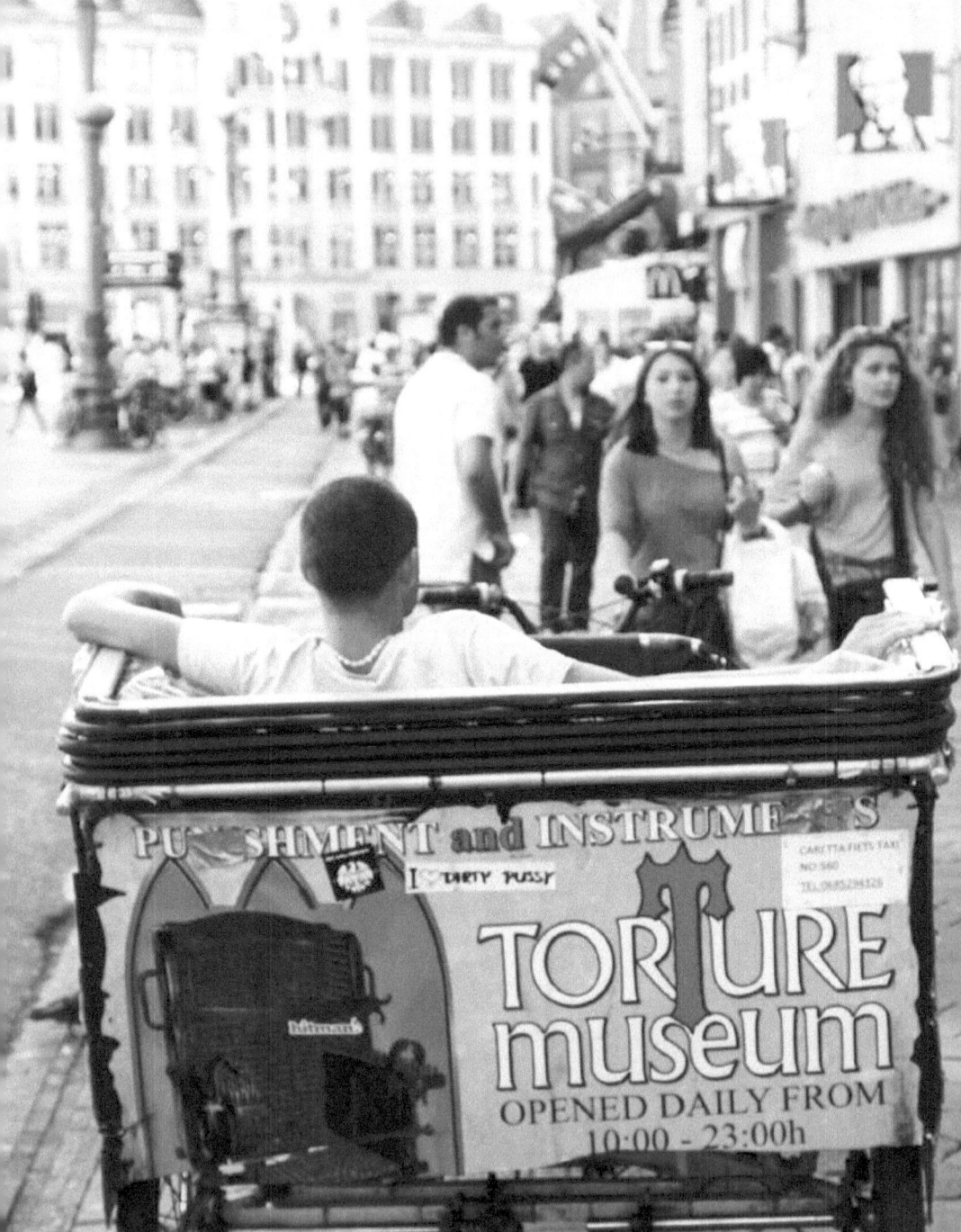

57
**प्रशंसा सबके सामने कीजिए।
डांटिये व्यक्तिगत में।**

एक टीम के प्रबंधक होने के नाते, यदि आप गलती करने वाले सदस्य को सबके सामने झटका देंगे, तो टीम की मनोदशा के लिए उससे अधिक हानिकारक और कुछ न होगा। निश्चित ही, यदि कुछ गलत होता है, लोगों को बताना आवश्यक है। वह अकेले में कीजिए।

जब कुछ अच्छा किया जाए, तो उस सदस्य की प्रशंसा सब के सामने करने का ध्यान रखें। टीम का मनोबल कई गुना बढ़ जायेगा।

और अपनी प्रशंसा को वास्तविक रखिएगा। यह मालूम होने दीजिए कि आप सचमुच ऐसा मानते हैं।

58

क्या आपकी टीम के सदस्य सिर्फ संतुष्ट हैं?

खुश ग्राहकों की तरह, टीम के सदस्यों का खुश होना आपके व्यापार के बढ़ने के लिए बहुत महत्वपूर्ण है।

आप सुरक्षित हैं, अगर आपकी टीम आपके साथ काम करने में संतुष्ट है। फिर भी, आपके लिए बेहतर होगा, यदि वे गर्वित महसूस करें।

आप जो कर सकते हैं, कीजिए, उस छोटे से परिवर्तन के लिए ... संतुष्ट से गर्वित करने के लिए।

और याद रखें, हर बात पैसे की नहीं होती।

59

केवल मोटी तनख्वाह अच्छे लोगों को आकर्षित नहीं करेगी।

पैसा यकीनन प्रेरित करता है, पर वह हमेशा नहीं जीतता। ऐसा होता, तो गहरी जेबों वाली कंपनियों के पास सर्वोत्तम व्यक्ति होते। कार्य संस्कृति, नेतृत्व, चुनौतियां, आंत्रप्रेन्योरशिप की भावना भी अच्छे प्रेरणास्त्रोत हैं।

मेरे विज्ञापन के करियर की शुरूआत में, मैं सर्वोत्तम तनख्वाह देने वालों में से नहीं था, पर कदाचित् ही कोई बेहतर तनख्वाह के लिए मेरे पास से गया। मैं यह मानता हूँ कि मेरी टीम को मेरे साथ काम करने में मजा आता था।

मेरी गाजर बड़ी नहीं थी। वह रसदार थी।

60
नया खून हमेशा ही अच्छा नहीं होता।

तरूण उत्साह के संग अवश्य आते हैं। परन्तु यह विश्वास कि केवल नया वंश ही आज की चुनौतियों को संभाल सकता है, संदेहजनक है।

पुराने को नए से बदलना एक अच्छा उपाय नहीं। उत्साह एवं अनुभव के मिश्रण से एक प्रबल व्यवसायी पेय बनाईये।

यह ताज्जुब की बात नहीं कि धीरे-धीरे रिटायरमैन्ट की उम्र बढ़ती जा रही है।

61 कद्दू रसोईघरों में अच्छे होते हैं, दफ्तरों में नहीं।

वे कम लागत के होते हैं, पर होते हैं व्यर्थ।

एक अच्छा दाँव लगानें के लिए, व्यक्ति को इक्के पकड़े रहना चाहिये। हाँ, गुलाम आपको हाथ जिता सकते हैं ... मगर सिर्फ आप भाग्यवान हुए तो ही, या बहुत चतुर।

अच्छे व्यक्तियों का साथ में होना फलदायक होता है।

62
अपनी खुद की राय देने वाले सदस्यों की कदर कीजिये।

एक व्यवसायी प्रबंधक होने के नाते, आपके पास एक टीम अवश्य होगी। उन लोगों से बचे रहिये जो आपके सभी विचारों के साथ सदैव ही हाँ में हाँ मिलाते हैं। सभी से केवल सहमति पाने से आप खुद की योजनाओं पर प्रश्न उठाने लगेंगे, तथा उनके जवाब ढूंढ़नें की जिम्मेदारी आप पर और बढ़ जाएगी।

उन व्यक्तियों का साथ अच्छा होता है, जो खड़े होकर सवाल करते हैं और साहस रखते हैं 'नहीं' बोलने का।

63 यदि कुत्ता पाला है, तो भौंकने का काम उसी को करने दें।

यदि आपने पेशेवर व्यक्ति को काम दिया है तो उन्हें उनका काम करने दीजिए। उनके करने वाले कार्यों को आप करें, यह कोई अच्छा सुझाव नहीं।

प्रोफैशनल की वंशावली को पहचानना आसान है। वे भौंकते कम हैं, और उनके दाँत नुकीले होते हैं।

AYURVEDIC DAVAKHANA CAMP

WE, TREAT THE OLD & NEW DISEASE AS ALL TYPES OF THE DISEASE OUR VAIDYRAJ GIVES GUARNEED, TREATMENT WITH JADI, BHASMARASAYAN VATI-

TIME : 8:30 AM TO 9:30 PM PuLS CHECKING FEE

AYURVEDIC DAVAKHANA

The Old & New Disease,
Blood PressureAsthamsma,
...ssness Weakness Of Penis,
...rya Jana,Ladies Problems,mc
... paani jana,Jaundice Sandhivat,
...KaleDag ,Acidity,Pills,Paralysis
...ase Our Vaidyraj GivesGuarantied

64

डॉक्टर बदलिये। दवाई नहीं।

यदि आप व्यापार चलाते हैं, यह मुमकिन है कि आपको पेशेवर व्यक्तियों की सेवा की जरूरत पड़ेगी। वे लेखाकार, वकील, विज्ञापन बनाने वाले, मार्केटिंग के निपुण, इत्यादि हो सकते हैं।

उन्हें नियुक्त करते समय, समय लीजिये। एक सोचा समझा निर्णय लीजिये। एक बार वे आपके साथ आ जाएं, तो उनकी सलाह पर पूरा भरोसा रखिये। असली प्रोफैशनल आपको केवल एक ही सुझाव देगें . .. उनकी राय में सर्वोत्तम।

उसका आदर कीजिए।

और अधिक सुझाव मांगने से आपके पास केवल समझौते रह जाएगें। दूसरी दवाई मांगने से बेहतर है अपना डॉक्टर बदलना।

हेयर कटिङ़
सैलुन

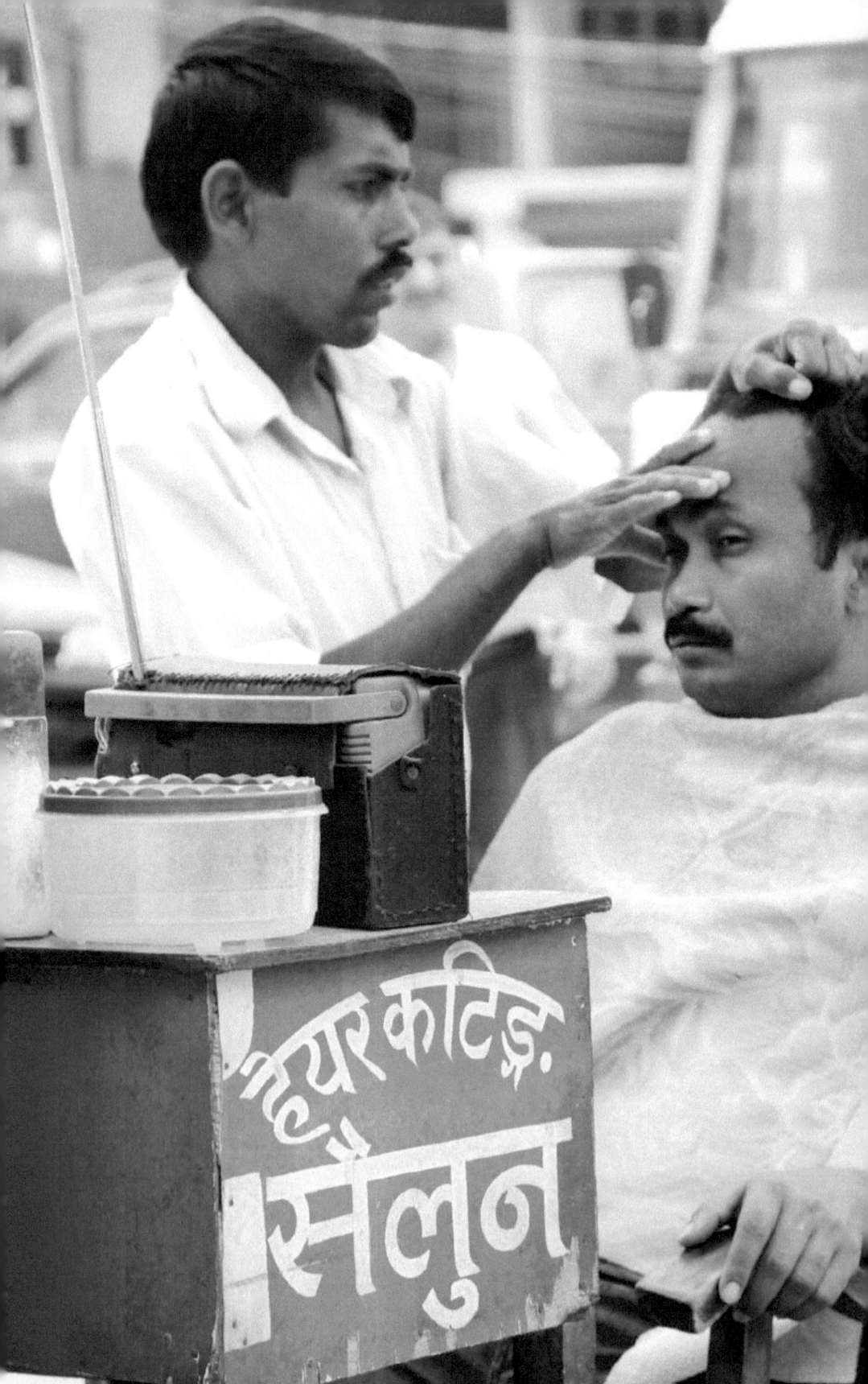

65

व्यवसाय में अहम् के लिए कोई जगह नहीं।

कभी भी केवल खुद को सही सिद्ध करने के लिए कोई बिज़नेस निर्णय मत लीजिए। कार्य की सूची में निजि कार्य आखरी में होना चाहिये, बल्कि, उसे तो कभी सूची में होना ही नहीं चाहिये। व्यवसायी लक्ष्य एवं निजि लक्ष्य अलग होते हैं।

मैंनें सफल व्यापारियों को अपने अहम् के पीछे लाखों उड़ाते हुए देखा है। यह एक अच्छा उपाय नहीं है, आप वहन कर सकें, तब भी नहीं। यह और भी ज्यादा सच है, अगर इसमें कोई दूसरा व्यक्ति भी शामिल हो। कभी किसी को छोटा मत दिखाईये और कभी किसी के घाव मत रगड़िये।

वह वापस कठोरता से लौटकर आएगा।

ROLLEIFLEX
DRP
DRGM
COMPUR-RAPID

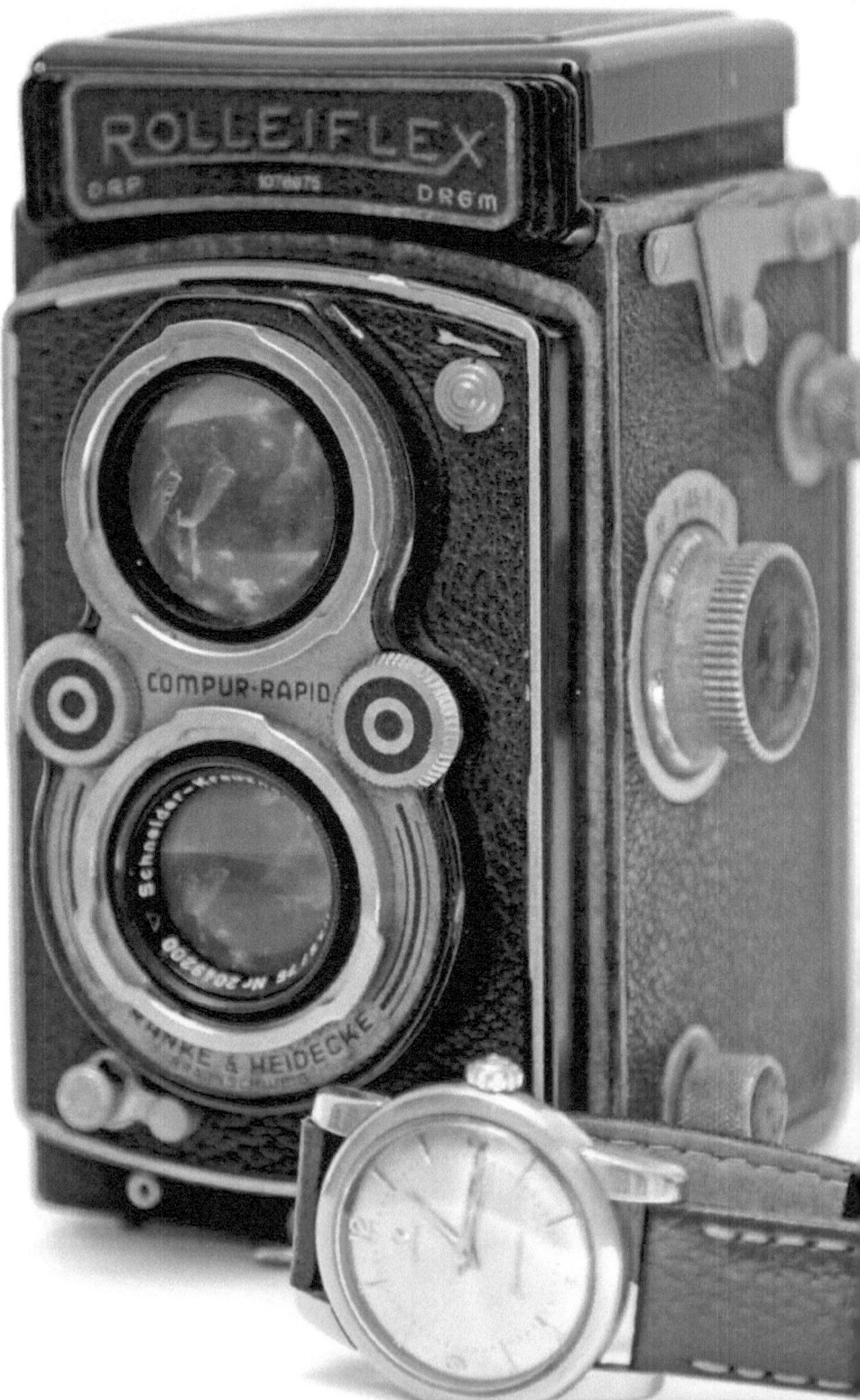

66

मेरे पिताजी ने 3 चीज़ें पीछे छोड़ीं। आप उनमें से 2 देख सकते हैं।

तीसरा था विवेक – उन्हें सही इस्तेमाल करने का।

हर व्यक्ति को अपनी शिल्प कला करने के लिए एक औजार की आवश्यकता हाती है। एक लेखाकार को कलम चाहियें। एक चित्रकार को ब्रश चाहिये। एक बढ़ई को हथौड़ा और एक विक्रेता को मजबूत जूते चाहिये। आप अपने चुने हुए क्षेत्र में बेहतर करेंगें, यदि आप अपने औजारों का प्रयोग करते रहेंगे।

पढ़ाने के लिए, एक शिक्षक को भी पढ़ते रहना पड़ता है।

धन्यवाद, पापा।

Maybank
OUE

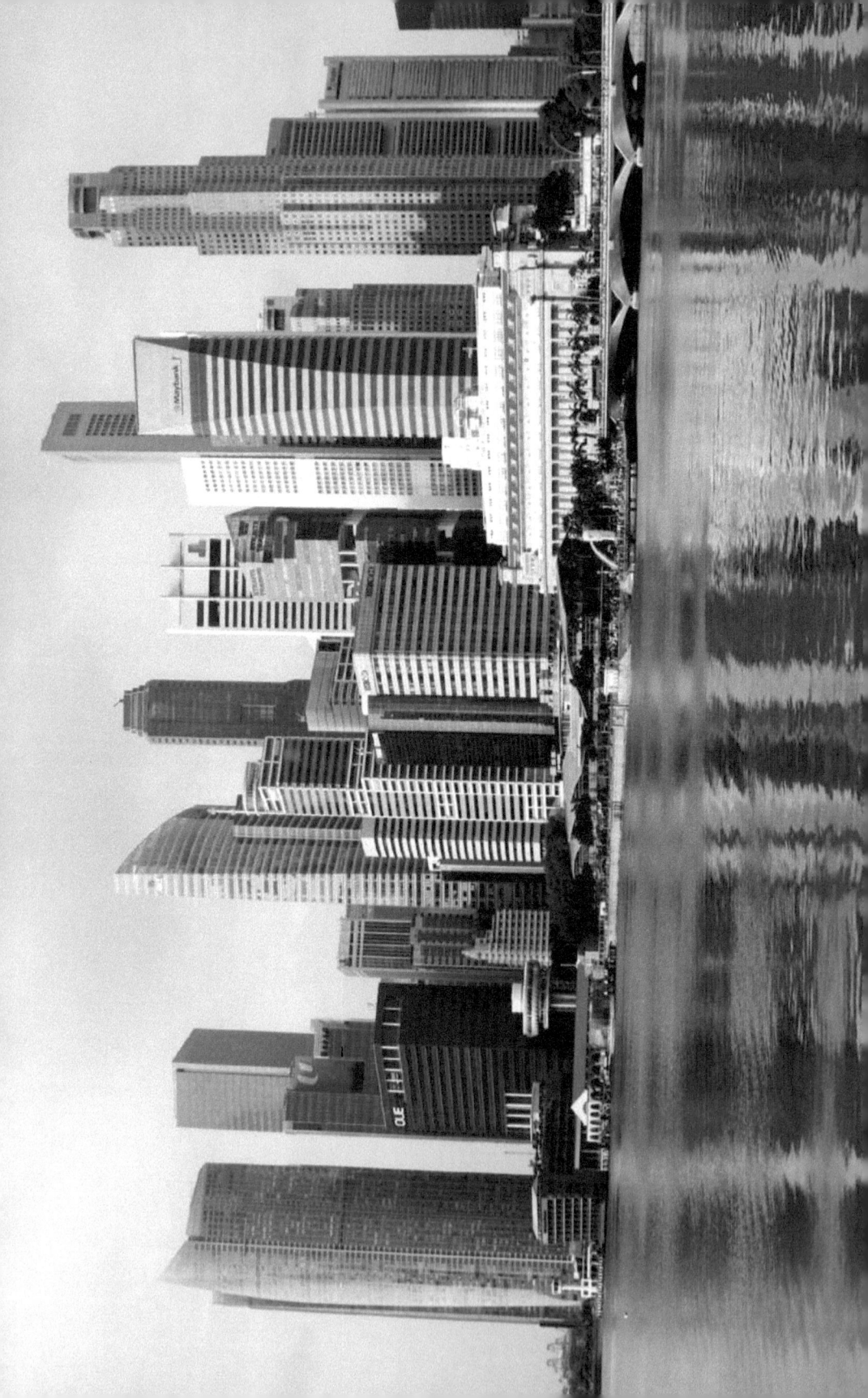

67

अपने अपॉइंटमेंट निभाएं।

''ट्रैफिक में फंस गया'', एक विश्वस्नीय बहाना नहीं हैं। जल्दी शुरूआत कीजिए। देरी से पहुँचनें से बेहतर है पाँच मिनट जल्दी पहुँचना।

मेरी पहली व्यवसायी विदेश यात्रा सिंगापुर की थी, कुछ 25 वर्षों पहले। अपॉइंटमेंट लेते समय मैंने सेक्रेटरी से कहा कि मैं उनके दफ्तर ''2:00 – 2:30 के लगभग'' आऊँगा। उसने नम्रता से पूछा, ''2:00 बजे या 2:30 बजे''? यह ताज्जुब की बात नहीं कि सिंगापुर बहुत तरक्की कर रहा है।

मैंने मेरा सबक सीख लिया था – ''लगभग'' का कोई स्थान नहीं है।

सिंगापुर, सिंगापुर 134

68

समय की कदर कीजिए।

यदि आपसे मिलने वाला समय पर आया है, तो निश्चित कीजिए कि उससे नियोजित समय पर मिला जाए। जानबूझकर लोगों को अपने दरवाजे पर प्रतीक्षा कराने की रणनीति आपको सचमुच "महत्वपूर्ण" नहीं बनाती। कदाचित् ही आपसे मिलने वाला आपके दबाव में समर्पित होगा, यदि यह आपका एक और बिज़नेस सिद्धान्त है।

Welcome to the Bay Point Marriott Pool Bar

Where it's always Five O'clock

> **69**
> यदि हमें शाम के 5:00 पता हैं,
> तो हमें सुबह के 9:00 भी मालूम
> होना चाहियें।

यदि आपकी 9:00 से 5:00 की नौकरी है, ध्यान रखिए कि आप उसे 9:00 से 5:00 करें, यह विचार किए बिना कि आप कितने अनिवार्य हैं। अगर कोई देखने वाला न भी हो, तो अपने खुद के रखवाले बनिए।

वैसे, वास्तव में अनिवार्य कोई भी नहीं होता। उतने ही अच्छे विकल्प उपलब्ध होते हैं। बस कुछ समय की बात है।

> **70** कार्य समय से शुरू करने का कोई विकल्प नहीं है। देर तक रूकना मात्र इच्छा की बात है।

आपको अपने कार्य-स्थल समय पर पहुँचना चाहिये। कि आप पिछली रात देर तक काम किये थे, कोई बहाना नहीं। और यदि आप प्रबंधक हैं, तो उसमें वास्तव में कोई दूसरा उपाय नहीं।

अच्छे प्रबंधक आगे से मार्ग दिखाते हैं। और आगे से मार्ग दिखाने का पहला कदम हैं, अपनी टीम के पहले पहुँचना।

71
ओवरटाईम कार्य के नियमित समय को धीरे कर देता है।

लगभग कभी भी, समय के ऊपर काम करने की आवश्यकता नहीं पड़ती। यकीनन, आपात्काल स्थिति आ सकती है, परन्तु वह एक विशिष्ट बात होनी चाहियें, एक नियम नहीं। आपात्काल स्थिति का बार-बार आने का मतलब केवल यह हो सकता है कि नियोजन की कमी है, या सामर्थ्य के ऊपर कार्य पूरा करने की प्रतिज्ञा ली गई है। याद रखिये, दफ्तर के बाहर भी, आपकी टीम की एक जिन्दगी है।

ओवर टाईम के लिए तनख्वाह देना भी एक अच्छा उपाय नहीं। वह आलसी लोगों को और आलसी बना देगा।

> **72**
> घर में योग्य समय बिताइये।
> वह दफ्तर में लाभप्रद उत्पादन पैदा करने में सहायता करता है।

खुश दिमाग रचनात्मक दिमाग होते हैं। एक सुखी व्यक्ति के निर्णय के सही होने की संभावना उसके निराश प्रतिरूप के निर्णय के सही होने से अधिक है।

अपने परिवार के साथ बिताने के लिए समय निकालिये। वह आपके दिमाग को हर्षित करता है।

73
अपने धन का आनन्द लेने के लिए समय निकालें।

गलत मत समझिये। हम सभी यहाँ हैं, अपना काम कर रहें हैं, पैसा कमाने के लिए। और उसमें कुछ गलत नहीं। केवल झूठे व्यक्ति ही कहेंगे कि वे ''समाज की सेवा'' करने के लिए व्यापार कर रहें हैं। खैर, बात उसकी नहीं है।

आप जितना समय अपने काम में लगाएगें, उतना ही आप ज्यादा कमाएगें। मेरा सुझाव केवल इतना ही है, कि आपको पता होना चाहिये कि रेखा किधर खींचनी है।

क्या आपको उस अधिक रूपये की आवश्यकता है? या आपको उस अधिक घंटे की आवश्यकता है अपने प्रिय जनों के साथ बिताने के लिए?

पाम स्प्रिंग, अमेरिका

74 बारीकियों के लिए एक नजर विकसित कीजिए।

मैं ऐसे लोगों की प्रशंसा करता हूँ जो अपने समक्ष विषय पर अधिक समय तक विचार करने का धीरज रखते हैं। वे बार-बार चीज़ों पर नजर डालनें से ऊबते नहीं। यह रूझान वास्तव में कमियों की संभावना को बहुत कम कर देती है।

दुर्भाग्य से, मुझमें इतना धीरज नहीं। मेरा स्वभाव काम को फटाफट समेटने का है। इसमे आश्चर्य की बात नहीं कि मेरे ई-मेलों में चूक हो जाती है, और आर्थिक लेख्यपत्रों को देख मुझे नींद आने लगती है।

जागे रहिये।

BUT I'M
SOFT
INSIDE

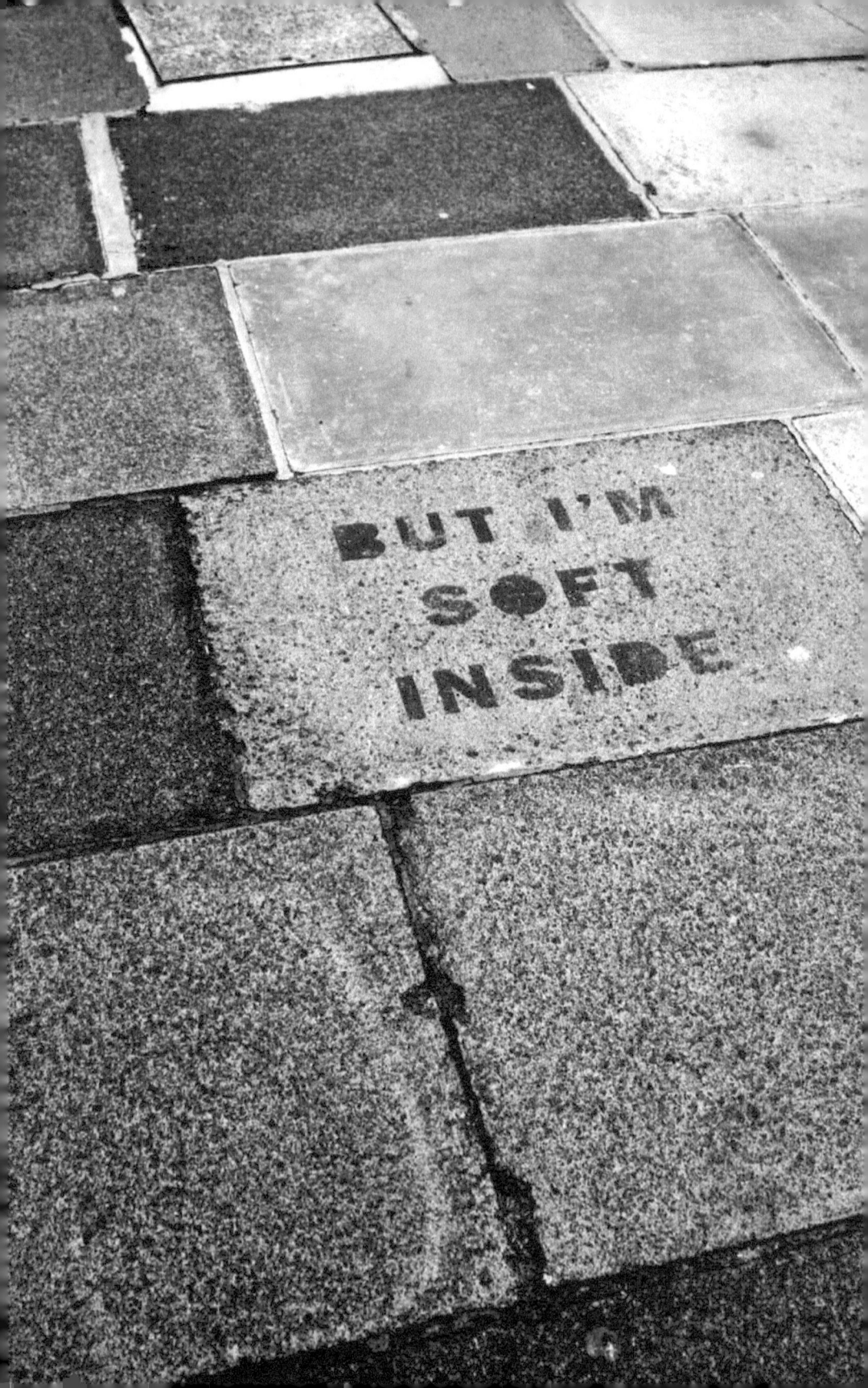

> **75** और ऐसे ही व्यापारियों को होना चाहिये।

व्यवसायिक निर्णय दिमाग से लिए जाने चाहियें, दिल से नहीं। भावनाएं गतिरोधक का काम करतीं हैं, और वास्तव में तार्किक सोच प्रक्रिया में रूकावट बन सकतीं हैं। मैं मानता हूँ कि मैं भावनाओं के आगे झुक जाता हूँ, केवल बाद में मेरी गलतियों का एहसास करने के लिए।

अपने व्यापार में कड़क होने से अपने दिल से कड़क मत हो जाइयेगा। याद रखें, व्यापार की जिन्दगी के आगे भी कुछ है।

दफ्तर में अपना दिमाग का प्रयोग कीजिए। और अपने दिल को घर पर छोड़ दीजिए।

MUŽ V PODPALUBÍ
NÁŠ FILM

76

अज्ञान मूर्खता है।

व्यापार में अज्ञान मात्र मूर्खता है। यह अति आवश्यक है कि आप अपने व्यापार के क्षेत्र से संबंधित सभी बातों से जानकार रहें। केवल पूरा ज्ञान ही आपको प्रतियोगी वातावरण का सामना करने के लिए तैयार कर सकेगा। और क्यों कि आप सभी बातों में अच्छे नहीं हो सकते, इसलिए कम से कम बातों की अधिक से अधिक जानकारी रखने में ही अर्थ है।

सुपर स्पेशलिस्ट की दुनिया में आपका स्वागत है।

77
**यदि आप गलतियाँ नहीं कर रहे,
तो आप पूरा प्रयास नहीं कर रहे।**

अच्छा काम करना है तो छींटे तो उड़ेंगे ही।

ज्यादा कठिन प्रयास, अर्थात् कार्य को उस तरह करना, जिस तरह वह कभी न किया गया हो। वैसा करने से, कुछ गलती होने की भी सम्भावना है। आपके तरीकों पर उंगली उठाई जाएगी। पर जिस दिन आप सही तरह से कर लेगें, बात ही कुछ और होगी।

कोई भी आदर्श अथवा संपूर्ण नहीं है। भगवान भी नहीं। अन्यथा, दुनिया धोखोबाजों से रिक्त होती।

78
उत्सुक व्यक्ति थकावट महसूस नहीं करते।

यदि आपको अपने कार्य में बेहद रूचि हो, तो आप कभी थकेंगें नहीं। उत्साह ही इस खेल का नाम है। ऐसे काम करने का प्रयास कीजिए जो आपके अंदर की लौ को जागृत कर दे। यदि आपको एक ज्यादा तनख्वाह देने वाला साधारण कार्य और एक कम तनख्वाह देने वाले काम– जिसमें आपको रूचि हो, के बीच में चुनना हो, तो अपने रूचि के कार्य को चुनें।

यह पुरानी कहावत याद रखिये– "अच्छा स्वास्थ्य ही सबसे बड़ा धन है।"

79

एक शौक का पालन कीजिए।

हर व्यक्ति की एक अभिरूचि होनी ही चाहियें। खाली समय में व्यस्त होने का यह अच्छा उपाय है। और वह जो ब्लड प्रेशर थोड़ा कम कर देती है, उसकी एक और खूबी है।

अधिक से अधिक व्यक्तियों को दबाव में काम करते देखना असामान्य बात नहीं है। उन्हें उसमें से निकलने का एक रास्ता चाहियें।

मुझे अपने कैमरा के साथ खेलने में बहुत आनंद आता है। फोटोग्राफी मुझे मेरे बिज़नेस की चिंता भुला देती है। और मैं मेरे कार्य पर एकदम ताजगी के साथ लौट पाता हूँ।

मैं उन लोगों से ईर्ष्या करता हूँ जिन्होनें अपने शौक को अपना व्यवसाय बना लिया है। मैं ऐसे बहुतों को जानता हूँ। वे वास्तव में बड़े अमीर हैं। मुझे पता नहीं यदि वे धनी हैं।

80
एटिट्यूड अपनाएँ।
अहंकार से दूर रहें।

एटिट्यूड और अहंकार के बीच में एक बारीक रेखा है।

एटिट्यूड आकर्षित करता है। अहंकार नहीं।

एटिट्यूड एक अंदाज़ है जो एक व्यक्तित्व निखारता है।

एटिट्यूड वांछित है। अहंकार नहीं।

सावधान रहें। लड़खड़ा सकते हैं।

81

सफलता के रोगलक्षण से बचिए।

साफ़ शब्दों में, सफलता सीधी तरह से पैसे से संबंधित है। जैसे और अधिक जमा करते जाएगें, सम्भावना है कि "सफलता रोगलक्षण" बढ़ता जाएगा।

यह लक्षण आपके इंद्रियों पर चादर ढ़क देता है। सही गलत लगेगा। और गलत सही। मेरे पास अनेक दर्जन उदाहरण हैं ऐसे व्यक्तियों के जो इस रोगलक्षण से पीड़ित हैं। उनका नाम बताकर मैं उन्हें शर्मिन्दा नहीं करना चाहता। हाँ, आप व्यक्तिगत रूप से मुझसे मिलिए, और मैं आपको एक सूची दे दूँगा।

मैं उन लोगों को भी जानता हूँ, जो अत्यंत सफल (धनवान) हैं। उनमें वो एन्टीबॉडीज़ हैं जो उन्हें इस रोगलक्षण से दूर रखते हैं। वे वो लोग हैं जो और ऊपर चढ़ते ही जाते हैं। उनको मेरा सलाम।

वैसे, धनवान होना और अमीर होना, दो अलग नस्लें होती हैं।

82

विक्रेता भी आखिर इंसान ही है।

यदि ग्राहक आपके लिए महत्वपूर्ण हैं, तो विक्रेता भी होने चाहियें। आप हर तरह से उनसे एक अच्छा सौदा करने के लिए मोल–तोल कीजिए, मगर भगवान के लिए उनका पूरा कस मत निकालिए। प्रतियोगी वातावरण के रहते आप कत्ल करके भाग भी जाएगें, परन्तु अधिक समय के लिए नहीं। जब माँग सप्लाई से अधिक हो जाती है, तो पासा पलट जाता है। अब आप कठिन परिस्थिति में होंगे। बिना मेहनत कुछ नहीं मिलता है। विक्रेता को भी तो कमाना है।

फिर भी, विक्रेता के प्रति व्यवहार देखकर मैं ज्यादा चिंतित हूँ। उन्हें सच में ज्यादा सम्मान दिया जाना चाहियें।

ये मत भूलिए कि आपके ग्राहक के लिए आप भी एक विक्रेता हैं।

83. एक हिस्सा दान हेतु अलग रखिये।

रकम चाहे जितनी भी हो, दान करने से जो 'पूंजी पर लाभ' आपको होगा, वह अनमोल है।

मैं कोई लोकोपकारक नहीं। मैं बहुत थोड़ा दान करता हूँ। मैं केवल कुछ जरूरतमंद विद्यार्थियों की शिक्षा का शुल्क देता हूँ, और मेरी फोटोग्राफी की प्रदर्शनी का आया हुआ मुनाफा उन संस्थाओं को देता हूँ, जो मानवजीवन के लिए विशिष्ट सेवा करतीं हैं। इस से जो प्रसन्नता मुझे मिलती है, वह हमेशा अपनी चोटी पर होती है।

इसे आजमा कर देखिये।

माऊंट कुक, न्यूज़ीलैंड

84

जो ग्राहक समय पर भुगतान करते हैं, वे विशेष महत्व पाते हैं।

यह हमेशा मुमकिन नहीं कि आप अपने विक्रेता को भुगतान निश्चय किए गए समय पर कर सकें। कम से कम ऐसे समय में आपको अपने लेनदार को पहले ही बता देना चाहियें कि उसमें देरी होने की सम्भावना है। वे आपके पीछे आएं, उसका इंतजार मत कीजिए।

मुझे आम बेचने वाले किसानों का भुगतान मैंने सदैव नियमित रूप से किया है। तत्काल भुगतान की वजह से मुझे अच्छी क्वालिटी एवं समय पर आम पहुँचाने का आश्वासन मिला है... एक दुर्लभ बात, क्योंकि फसल मौसम की दशा पर निर्भर करती है। एक वर्ष, एक नियमित ग्राहक ने मुझे समय पर हिसाब नहीं भेजा। इसका असर मेरे द्वारा किये जाने वाले भुगतानों पर हुआ जिनको अब निश्चित किये गए समय पर करना मुश्किल था। इससे संबंधित किसानों को एक फोन करने से बात बन गई। हमेशा की तरह, आज भी सब ठीक है।

कुछ फाइनैंस एक्सपर्ट, वास्तव में, भुगतान देरी से करने की सलाह देते हैं। उनका मानना है कि ऐसा करने से उनके सप्लायरज़ हमेशा सतर्क रहते हैं। शायद वे सही हों, परन्तु मैं थोड़ा अलग सोचता हूँ।

सैस्की क्रमलोव, चैक रिपब्लिक

85
यदि आपको चक्रव्यूह में घुसने का शौक है, तो निवेश प्रबंधक के पास जाइये।

क्यों कि आप एक उद्यमी हैं, यह मानना उचित है कि आपके पास एक अच्छा उपाय है। उस उपाय से कमाने के लिए आपको पूंजी की आवश्यकता होगी। अधिकतर उद्यमी के समान आप निवेश प्रबंधक के पास जाएगें।

मजा अब शुरू होता है।

आपके जैसे ही सैंकड़ों उद्यमी बड़ी योजनाओं की फाइलें लेकर घूम रहे हैं। हर एक के अंदर जोश भरी आग है। दुर्भाग्य से, वे व्यक्ति, जो गहरी जेबों को संभालते हैं, जल्दी ही वह आग बुझा देंगे। मैं उन्हें दोषी नहीं ठहराता।

सर्वदा, जो व्यक्ति पूँजी संभालते हैं, वे खुद उद्यमी नहीं होते। वे कभी सड़कों पर घूमे नहीं। वे बड़े-बड़े बी-स्कूल से आएं हैं। वे अपने आप को मानव जाति को मिली भगवान की भेंट समझते हैं। वे केवल अपने किताबी ज्ञान के हिसाब से चलेंगें। कुछ बातें जो आपको सुनने को मिलेंगी :

"यह उपाय मार्केट में नहीं चलेगा।"
"घुसने पर पाबंदी नहीं, यह तो कोई भी शुरू कर सकता है।"
"इस प्रोजेक्ट में मापनीयता नहीं है।"
"मुझे नाम तो याद नहीं, पर ऐसी मिलती-जुलती संकल्पना पहले ही बाहर आ चुकी है।"

मेरे पास भी एक उपाय था। और मेरे उपाय को भी बुरी तरह कुचल दिया गया था। मगर बेहतर विवेक जीत गया। मेरे सहजज्ञान ने कहा कि जो मेरे दिमाग में था, वह बाजार में भी चलेगा। मेरे जीवन की सारी पूँजी मैं दाँव पर लगाने निकल पड़ा। मैं मेरे उन सगे-संबंधियों से मिला जिनका मुझ पर विश्वास था। संभवतः मैंने कुछ सही किया। नई तकनीक के द्वारा होटल के कमरे और अपार्टमेन्ट्स का वितरण करने का मेरा उपाय काम कर रहा है।

roomsXML.com है उस ब्रांड का नाम। उसका नाम सभी जगह फैल रहा है। और वह धन भी कमा रहा है।

आखिरकार, यदि आप पर धन लगाने वाले (इंवेस्टर) आपको हाँ भी बोलदें, आप अपने बैंक में पैसा जमा होने तक का इंतजार करना। पूर्वानुमान में खर्च करना शुरू मत कीजिएगा।

रूपया बड़ा अनोखा है। और हाथ से फिसलता भी बहुत है।

ब्रिसबेन, ऑस्ट्रेलिया

> **86**

**अभी का सोचिये।
आगे का सोचिये।**

दूसरे शब्दों में, ऋण और इक्विटी के बारे में सोचिये। धन व्यवसाय के लिये अनिवार्य है। जब एक उद्यमी अपने साधन खत्म कर देता है (उसके पास प्रायः थोड़े ही होते हैं) तो उसके पास साधन उपलब्ध करने के दो तरीके होते हैं। या तो ऋण लेना (बैंक केवल सिक्योरिटी के तहत् या पर्सनल गारंटी के ऊपर उधार देते हैं) और या शेयर का प्रस्ताव रखना (बड़ी मछलियों के साथ तैरने के लिए तैयार रहिये)।

यदि आपको अपने व्यवसाय पर पूरा भरोसा है, तो ऋण लेना ज्यादा लाभदायक होगा। जैसे अपका व्यापार बढ़ेगा, मुनाफा भी बढ़ता जाएगा। और तभी इक्विटी महंगा लगने लगेगा। क्या है, ऋण तो चुकाया जा सकता है, परन्तु यदि आप बाद में प्रीमियम देकर अपने शेयर वापस नहीं खरीद सकेंगे, तो जिन्दगी भर इक्विटी के साथ बंध जाएगें।

इस चक्रव्यूह से निकलने के लिये आपके लिए कौनसा तरीका सही है, इसका चुनाव बड़े गौर से सोच कर कीजिए। जल्दी से हार मत मानिये।

कुर्ग, भारत

Liechtensteinische
Landesbank 1861

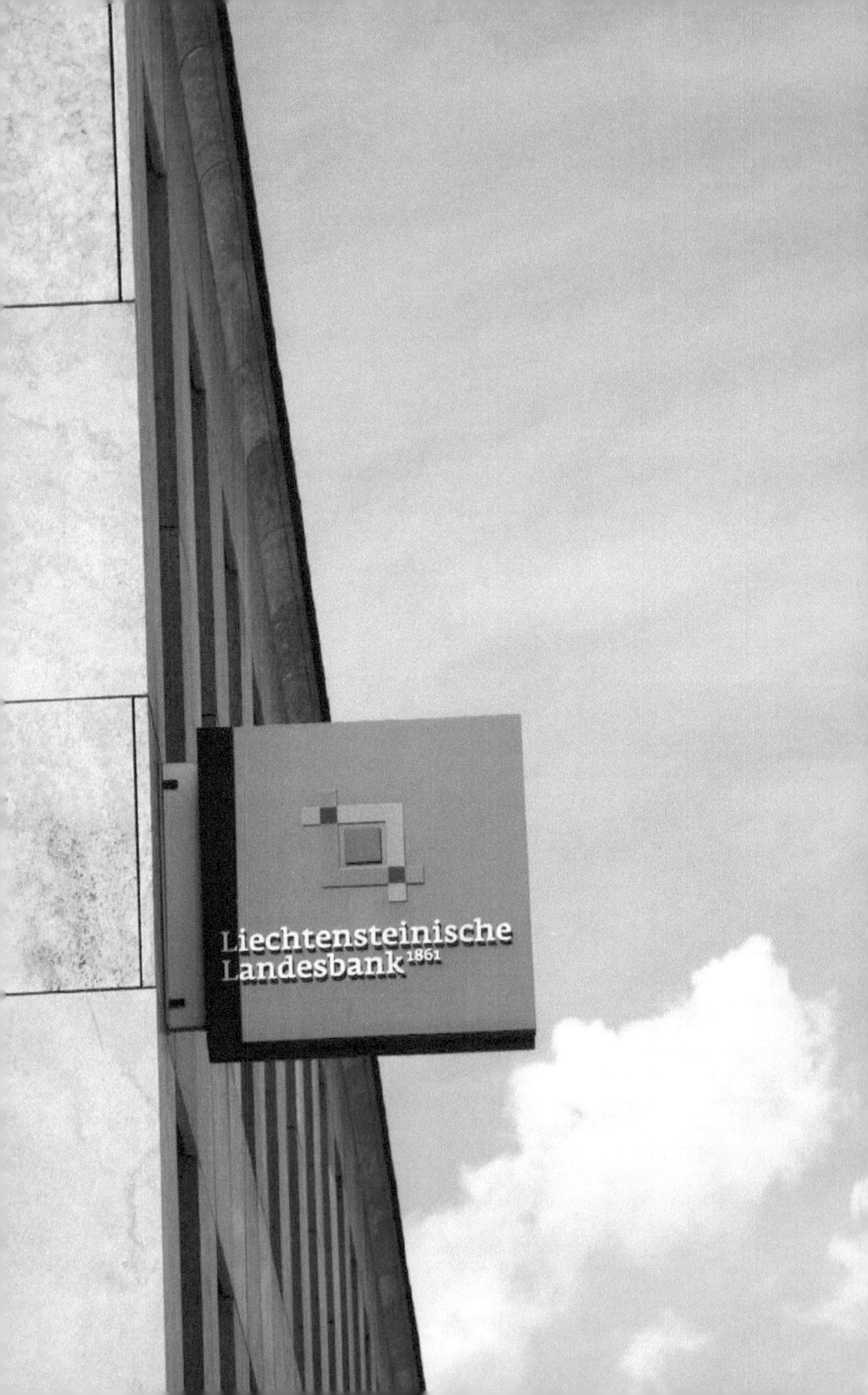

> **87**
> व्यापार का मूलधन, तिजोरी में रखे पैसे से ज्यादा मूल्यवान है।

पुराने दिनों में ज्यादा कर लगाने का कायदा था। यह कारण कर से बचने का प्रेरक बन गया। मुझे मेरे और मेरे पिताजी के बीच हुई बहस याद है, जब वे ईमानदारी से सारा कर भरते थे। उनकी एक बड़ी सरल सोच थी कर चुकाने से मूलधन बनता है और वह मूलधन आगे और व्यवसाय पैदा करने में सहायक होता है, अतः — ज्यादा लाभ। जैसे समझ बढ़ी, मुझे उनके ज्ञान का आभास हुआ।

शुक्र है, आज—कल कर उतना ज्यादा नहीं है। कर चुकाने का एक और अच्छा कारण।

> **88** अपने ऋण को लेकर सावधान रहिये।

कोई भी कारोबार के बढ़ने के लिए, धन राशी अति आवश्यक है। कुछ व्यवसाय में तो वही सब कुछ है। जैसे कि 'रीयल ऐस्टेट' के व्यवसाय में।

"धन राशी ही मेरा कच्चा माल है।", ऐसा मेरे एक उपभोगता अक्सर कहते थे, जिनका एक सफल निर्माण का काम था। पूँजी के लिए ऋण लेने में वे थोड़ा भी नहीं घबराते थे। ब्याज के ऊँचे दर से उनको कभी आपत्ती नहीं हुई। जब तक मार्केट में तेजी थी, उनकी यह योजना अच्छी काम करती रही। जितना भी निर्माण होता था, बहुत ही हितकारी कीमत पर बिकता था।

फिर मार्केट गिरने लगा।

सब बदल गया। बिक्री में मंदी आ गई। लेनदारों को पैसा लौटाना टलता गया। कंपनी का नाश हो गया था। बहुत कोशिशों के बाद जाकर कंपनी के मालिक फिर से उठ पाए। बहुत कम ही ऐसे पतन से उभर पाते।

ऋण लेते समय अपनी गणित ठीक से कीजिए। मार्केट की सच्चाइयों को ध्यान में रखिए।

रैकजाविक, आईसलैंड

89

उधार ग्राहकों के साथ काम करता है। मित्रों के साथ तो नकद व्यवहार ही करें।

उपभोगताओं का मित्र बनना आपकी व्यवसायी कुशाग्रता का सूचक है। नहीं तो एक माननीय व्यक्ति आपके साथ क्यों आना–जाना रखेगा?

जब मित्र आपके उपभोगता बन जाते हैं, आपको अपने व्यापार के साथ अधिक एहतियात बरतनी होगी। बिना महत्व समझे, किसी भी चीज को मान कर मत चलिये। रूपये के कारण आपकी दोस्ती कभी जोखिम में नहीं आनी चाहिये।

पैसा गया, मित्र गया।

WE TRUST

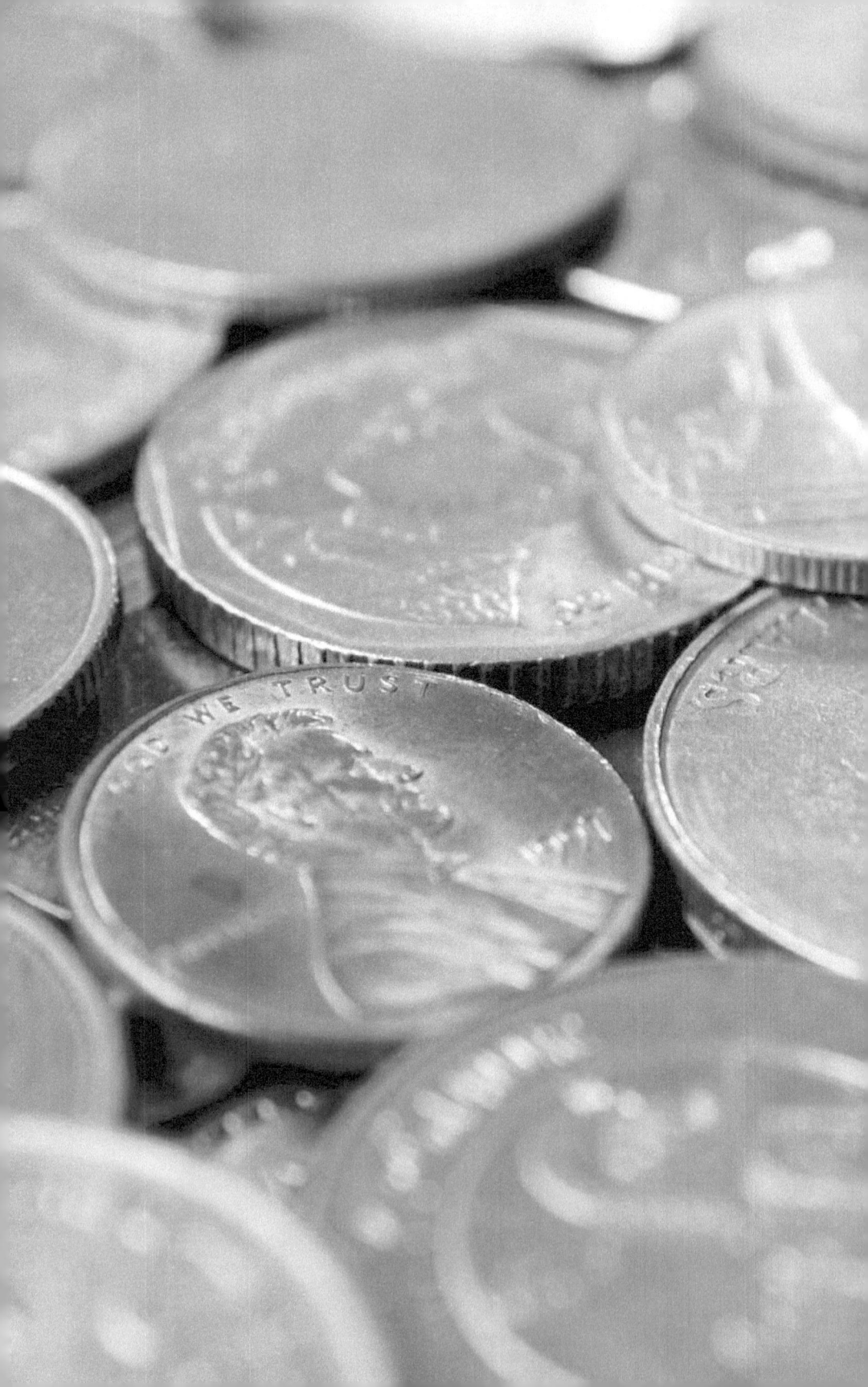

90

अपनी विश्वसनीयता बढ़ाइये, उधारी नहीं।

उधारी का निमंत्रण बहुत लम्बे समय तक बिक्री का विशेष गुण नहीं बन सकता। यह काफी कुछ अपनी कीमत कम करके ग्राहकों को आकर्षित करने जैसा हो जाता है। सामान पहुँचाने के पहले नकद लेना ही सबसे बढ़िया व्यवसायी नीति है। और जो इसका शासन नहीं कर सकते, उन्हें अपनी उधारी की शर्तों के साथ बहुत सावधान रहना होगा।

उधार बड़ा ही नाजुक मामला है। बहुत ग्राहकों को अपमानजनक लगता है यदि उन्हें उधार का प्रस्ताव न दिया जाए तो। वह उनके अहम् को क्षति पहुँचाता है। ऐसे समय में आपको मामला थोड़ा सम्भालना पड़ेगा। संभवतः, उधार के बदले में दिया गया एक अतिरिक्त लाभ काम कर जाए। और बात उन लोगों की हो, जो समय पर हिसाब करना नहीं जानते, उन्हें गवाँ देना ही ज्यादा लाभदायक है।

वर्गों के नेता प्रीमियम मांगते हैं। और वे शायद ही कभी उधार देते हैं।

91

मोल–तोल की शक्ति।

यह कहने की बात नहीं कि जिसके पास धन होता है, उसकी मोल–तोल करते समय जीत की सम्भावना अधिक होती है। रूपया डील होने के पहले और बाद में भी काम करता है।

यदि ग्राहक ने सेवा के लिए पहले ही कीमत चुका दी है, और यदि सेवा में कोई कमी रह जाती है, तो विक्रेता कम हर्जाना देकर बच जाता है।

यह घटिया सेवा या उत्पाद देने का सुझाव नहीं है। बल्कि, किसी भी विक्रेता को ऐसी पद्धति के साथ व्यवसाय में होने का कोई अधिकार नहीं। मेरा केवल इतना कहना है कि सेवा या उत्पाद देने के पहले रूपया (या उसका ज्यादा भाग) ले लिया जाए।

यह आपके फायदे में रहेगा, यदि आगे कोई घटना हो जाए तो।

TOUR BUSES WELCOME!

Turn LEFT at BURGER KING

PIONEER super MARKET

DELI & PHARMACY

92

बहुत लोगों के लिए 5%, 95% से अधिक मूल्यवान होता है। मूर्ख मत बनिये।

एक व्यापारी होने के नाते, आपको विज्ञापन करने वाली संस्था की आवश्यकता पड़ सकती है। ऐसे में, मैं आपको कुछ प्रचलित उद्योगी आदर्शों को न पालने का सुझाव दूंगा।

आपकी विज्ञापन करने वाली संस्था की रोज़ी रोटी आपके मीडिया खर्चों की दलाली होती है। और मुरब्बा आता है नॉन–मीडिया और सृजनात्मक खर्चों से। एक उपभोगता के लए अपनी संस्था से 'डिस्काऊन्ट' या छूट की चाह बहुत प्रलोभक होती है। और एक ग्राहक होने के नाते आपको तोल–मोल करने का पूरा अधिकार भी है, परन्तु मैं इसके विपरीत करने का सुझाव दूंगा।

वह 5% की बचत का सुख भोगने की बजाय आपके किए गए खर्चे का 100% लाभ पाने की चिंता कीजिए। याद रखिये, आपका प्रोफेशनल अपने काम करने के लिए जबरदस्त दबाव में होगा यदि उसे पता है कि आप अच्छे से कीमत चुकाते हैं।

यह मैं अपने अनुभव से कह सकता हूँ।

पाश्च्यलेखः दलाली की जगह आजकल शुल्क ने ले ली है। इसलिये ध्यान रखिये कि आपका दिया शुल्क कहीं कम न हो।

सैन मेटिया, अमेरिका

93

जरूरत के समय के लिए बचाएं।

उद्योगियों को कोशिश करनी चाहिये कि रोजमर्रा खर्च कम से कम हों। मैं कंजूसी से काम करने की बात नहीं कर रहा। उससे कहीं दूर। जो आवश्यक व्यय है, उन्हें तो भोगना ही होगा।

मैं उन खर्चों की बात कर रहा हूँ, जो व्यापार के लिए उपयुक्त नहीं हैं। वे दिखावे के लिए ज्यादा हैं। मेरे पास उस प्रश्न का कोई उत्तर नहीं, "क्या दिखावा बिज़नेस के लिये आवश्यक नहीं? क्या यह लेनदारों और ग्राहकों को प्रभावित करने का अच्छा तरीका नहीं?"

आप जुटाने की क्षमता रखते हों, तब भी, मैं जरूरत के समय के लिए बचाने की सलाह दूँगा। कुछ कहा नहीं जा सकता।

मैं एक मारवाड़ी परिवार से हूँ... इससे आप समझ ही जाएगें।

94

आपसी समझ को लिखिए।

विवादों का कम से कम होने के लिए, उचित 'एग्रीमेंट' तथा 'मेमोरेन्डम ऑफ अंडरस्टेंडिंग' को तैयार कीजिए। वकील को न्यायालय में आपकी वकालत के लिये शुल्क देने से बेहतर है 'एग्रीमेंट' बनाने की शुल्क देना।

प्रत्येक स्तर पर स्पष्ट समझ होनी आवश्यक है। चाहे वह साझीदार या सप्लायर या बिज़नेस सहयोगी या ग्राहक के साथ हो।

अंतरराष्ट्रीय व्यापार में 'एग्रीमेंट' और भी महत्वपूर्ण हो जाते हैं। स्थानीय कानून का ध्यान रखें। अधिक विकसित देशों में फैसले बहुत जल्दी लिये जाते हैं। और काफी देशों में दिवालियापन के लिये फाइल करना कोई बड़ी बात नहीं। वहाँ सामाजिक कलंक ज्यादा नहीं जुड़ा होता।

सावधान रहिये।

95

कोर्ट से दूरी रखिये।

विवाद व्यापार का एक अभिन्न अंग है। विवादों के हल आमने–सामने बैठकर निकालने में ही ज्यादा समझदारी है। उससे खर्चा भी बचेगा।

हर तरह से कानूनी साधन उपलब्ध हैं। परन्तु, बड़े कानूनी शुल्क और असीम इंतजार के लिए तैयार रहिये। भारत जैसे देश में समय पर न्याय मिलने की अपेक्षा काल्पनिक ही हो सकती है। मेरी कुछ कानूनी लड़ाइयाँ चालू हैं। अपेक्षित कागज़ी कार्यवाही के बावजूद कोई अंत दिखता नहीं।

खैर, वकीलों को भी अपना घर चलाना है।

96
न छपे हुए शब्दों की ताकत का सम्मान कीजिए।

व्यापार, अर्थात् वादे करना। और उन्हें निभाना।

प्रायः व्यापारी अपनी पूरी कोशिश करता है अपनी सेवा या उत्पाद को अच्छा बनाये रखने का। अधिकतर, ऐसी जरूरतें स्पष्ट रूप से लिखी भी जाती हैं। एक बार सहमति और हस्ताक्षर हो जाएं, तो फिर पलटने का कोई रास्ता नहीं।

क्या हो यदि कुछ लिखा न हो? बहुत बार आप केवल मौखिक रूप से बातें तय कर लेते हैं। यह आपकी परीक्षा का समय है। आप एक योग्य व्यापारी कहलाएगें, यदि आप अपने द्वारा किये वादों को बखूबी निभाएं।

मैं तो कहुँगा कि इतना जरूर जियो कि न छपे हुए शब्दों को भी पूरा कर सको।

97

बिज़नेस कार्ड को सम्मान मिलना चाहियें।

नए साधनों की वजह से दुनिया छोटी हो गई है। और इसलिए, विदेशी अवसर मिलने की सम्भावना भी बढ़ गई है। यदि समुद्रपार जाना आपका काम बनाता है, तो मूलतत्व से शुरू कीजिए।

व्यापारी सभ्यता।

मैं इसका बहुत विस्तार नहीं करुंगा, क्यों कि इस विषय पर पहले से ही बहुत कुछ लिखा–छपा गया है। इतना कहना पर्याप्त है कि स्थानीय सच्चाइयों से बखूबी परिचित रहो। अपने बिज़नेस कार्ड को देने के भी तरीके होते हैं।

किसी अमरीकी को मेज पर अपना कार्ड ढ़केलते देख आप को हंसी आएगी; जब कि एक जापानी आदर के साथ झुककर अपने दोनों हाथों से अपना कार्ड पेश करेगा।

छोटी–छोटी बातें भी मायने रखती हैं।

98

स्थानीय मूल्यों को गौर से जानिए।

लोगों की सोच और विश्वास में बहुत अधिक भिन्नता होती है। जहाँ भारत के अधिकाशं भाग में उत्तर दिशा की तरफ मुँह किये दरवाजे को शुभ माना जाता है, वहीं दक्षिण में, दक्षिण दिशा की तरफ मुँह किए दरवाजे को अधिक मान्यता मिलती है।

क्षेत्रों और सीमाओं के पार किए जाने वाले व्यवसायी सम्पर्क और दिये जाने वाले व्यवसायी प्रस्ताव के साथ सावधान रहिये। मेरा व्यवसाय विश्वव्यापक है। एक सामान्य प्रस्ताव ने कभी भी मेरे अंतररास्ट्रीय सहयोगियों को समान रूप से उत्तेजित नहीं किया। अमेरिका जो चाहता है, वह यू.के. की जरूरतों से अलग है। जो ऑस्ट्रेलिया ढूंढता है, वह साऊदी अरब की माँगों से कोसों दूर है। ऐसी है जिन्दगी।

कुछ के लिए दुनिया की सबसे महंगी कॉफी सिविट का मल है।

कुर्ग, भारत

世界人民大团结万岁

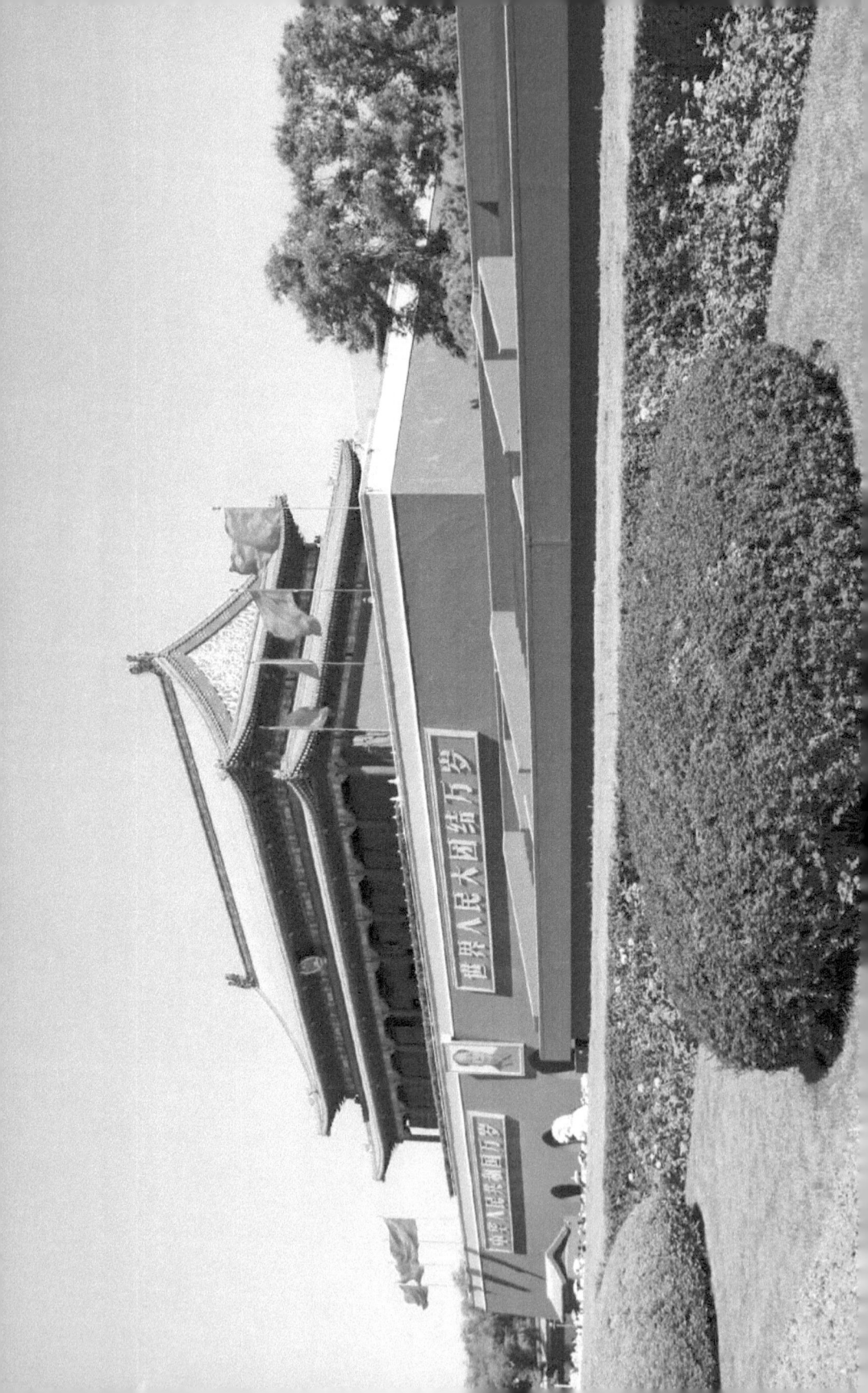

99

विदेशी भाषा एक कल्पवृक्ष है।

विदेशी भाषा में सम्पर्क कर पाना एक वरदान है। यह एक ऐसा नैतिक गुण है जो आपको जिता सकता है। और बहुत अच्छे से।

अभी तक मैं 45 देश देख चुका हूँ। मैंनें चीन और लैटिन अमेरिका में ऐसे अवसर देखे जिनका लाभ उठाया जा सकता था... बस अगर मुझे चायनीज़ और स्पैनिश भाषाएँ आतीं तो। अनुवादकों की मदद सीमित ही होती है।

दुर्भाग्यवश से, मुझे अंग्रेज़ी के अतिरिक्त और कोई विदेशी भाषा नहीं आती है।

बीजिंग, चीन 198

CH-CH GONDOLA 1 KM
FRANKFURT 18631 KM
SYDNEY 2147 KM
CITY 10 KM
SOUTHPOLE 3700 KM
TOKYO 9423 KM
BEIJING 10841 KM
HONG KONG 9423 KM
LONDON 18970 KM
PARIS 18780 KM

100
विदेशी मुद्रा जीवित तार है।

यदि आप एक अंतरराष्ट्रीय व्यापारी हैं, तो अपनी विदेशी मुद्रा सम्भालने में अत्यन्त सावधान रहियेगा। मुद्राओं की अस्थिरता आपको जबरदस्त झटका दे सकती है। यदि मुद्राओं के उतार—चढ़ाव से कमाने के 'उपाय' हों भी आपके पास, उस लोभ से बचे रहिये।

अगर विदेशी मुद्रा के साथ व्यापार करना आपका काम नहीं है, तो उस से दूर ही रहिये। इसके बजाय, अपना ध्यान अपने काम पर केंद्रित कीजिए।

अपनी विदेशी मुद्रा को हैज कर के, उसे सुरक्षित रखिये।

101
एक हवाई कंपनी के संगठन से जुड़े रहिये।

अगर आपके व्यापार की वजह से आप अक्सर यात्रा करते हैं, तो कोशिश कीजिए एक ही हवाई कंपनी के संगठन से उड़नें की। सबसे सस्ती टिकट वाली हवाई कंपनी से उड़ने में हमेशा चतुराई नहीं।

जितना हो सके, मैं उन हवाई कंपनियों के साथ उड़ता हूँ जो 'वन वर्ल्ड अलायंस' के सदस्य हैं। मेरा फ्रीक्वेन्ट फ्लायर प्रोग्राम मुझे प्रथमा आरक्षण, पसंदीदा सीट, लाऊंज में बैठने की अनुमति, जैसे और बहुत लाभ देता है, जिसके लिये थोड़ी ज्यादा कीमत देना उपयुक्त है। हाँ, ऐसे लाभ आपको बिज़नेस क्लास या फर्स्ट क्लास उड़ते समय हमेशा मिलेंगे।

मैं ईमानदारी से कहता हूँ, कि मैं अधिकतर इकनॉमी क्लास में ही उड़ता हूँ। वो क्या है, मैंने मेरा धन पुराने तरीके से कमाया है– उसके लिए मेहनत करके।

आख़री पंक्ति।

आप कितना लम्बे जीये उससे कोई फर्क नहीं पड़ता। आप कितना अच्छा जीये मायने रखता है। आपकी अंतिम यात्रा की लम्बाई ही तय करेगी।

मैं मेरी पत्नी, वृंदा का धन्यवाद करता हूँ, मुझे मेरे हिसाब से रहने देने के लिये... मेरे कार्य करने के लिये। मैं मानना चाहता हूँ कि मेरा घर से आधे समय दूर रहना उनके लिये कठिन होता होगा।

मैं शुक्रिया करता हूँ नुपुर बंग, नंद किशोर सिंगी, स्मिता झंवर एवं अलका झंवर का, इस पुस्तक का हिंदी में अनुवाद करने के लिये।

मैं अपने छोटे बेटे अनुज का धन्यवाद करता हूँ, जो तस्वीर लेने की मेरी काबलियत पर अपनी टिप्पणियों से मुझे हतोत्साहित करता रहा। मुझे शूट करने के लिये भी मैं उसे धन्यवाद करता हूँ। प्रमाण पृष्ठ 157 पर है।

मैं गजानन (जिसे मैं गज्जू बुलाता हूँ) का धन्यवाद करता हूँ, इस पुस्तक और इसके मुख पृष्ठ को डिज़ाइन करने के लिये।

प्रकाश बंग

www.ingramcontent.com/pod-product-compliance
Lightning Source LLC
Chambersburg PA
CBHW031919240526
45464CB00021B/295